MARKETING TRENDS 2020

FRANCISCO ALBERTO MADIA DE SOUZA

MARKETING TRENDS 2020

AS MAIS IMPORTANTES TENDÊNCIAS DOS NEGÓCIOS E DO MARKETING PARA OS PRÓXIMOS ANOS

M.Books do Brasil Editora Ltda.

Rua Jorge Americano, 61 - Alto da Lapa
05083-130 - São Paulo - SP - Telefone: (11) 3645-0409
www.mbooks.com.br

Dados de Catalogação na Publicação

Madia de Souza, Francisco Alberto.
Marketing Trends 2020 / Francisco Alberto Madia de Souza.
São Paulo – 2020 – M.Books do Brasil Editora Ltda.
1. Marketing 2. Administração
ISBN: 978-85-7680-331-7

©2019 Francisco Alberto Madia de Souza

Editor: Milton Mira de Assumpção Filho

Produção editorial: Lucimara Leal
Design da capa: Isadora Mira
Imagem: Spirit Boom Cat, Shutterstock
Editoração: Crontec

2020
Direitos exclusivos cedidos à
M.Books do Brasil Editora Ltda.
Proibida a reprodução total ou parcial.
Os infratores serão punidos na forma da lei.

FICHA TÉCNICA

Marketing Trends é uma publicação anual do MadiaMundoMarketing, resultado de um trabalho exaustivo e recorrente de pesquisa de informações em centenas de fontes e plataformas, com todas as análises correspondentes. Mapeando e identificando todas as principais sinalizações do ambiente dos negócios para os próximos anos – tendências, ameaças, oportunidades, *benchmarks* –, é realizado especialmente para os empresários e profissionais capacitados, mentorados e orientados pela Madia Business School, como também para todos os clientes do MadiaMundoMarketing.

De autoria e responsabilidade do diretor-presidente e consultor master do MadiaMundoMarketing, Francisco Madia, conta com o suporte e colaboração de toda a equipe de consultores e parceiros:

Fabio Madia – CEO e consultor master com especialização em digital & global marketing.

Sônia Teixeira – Diretora de programas de capacitação e *mentoring* em negócios e marketing e consultora master responsável pela Madia Business School e pela plataforma Perennials.

Rosamaria H. H. Barna – Diretora de assuntos legais relacionados ao marketing e consultora master responsável pela Madia e Barna Advogados.

Marcia Aparecida de Sousa – Diretora administrativa e responsável pelo portal da Academia Brasileira de Marketing.

Maria Helena dos Santos – Diretora financeira e responsável pelo portal *Inteligemcia*.

MANIFESTO

Há 22 anos, o MadiaMundoMarketing assumiu o compromisso, perante a comunidade empresarial brasileira, de rastrear, mapear, organizar, analisar e divulgar os eventos mais importantes no ambiente político, econômico, social e tecnológico – no Brasil e no mundo. E assim fez.

A partir do momento em que o ambiente digital foi avançando, ganhando corpo e misturando-se com o ambiente analógico, dando origem às primeiras manifestações de um novo mundo e de uma nova economia, o MadiaMundoMarketing passou a informar a empresas, empresários e profissionais sobre as mais que mudanças, um quase renascer de um mundo onde, meses antes, conhecíamos, sabíamos e dominávamos tudo.

Desde a última década, todos os dias do ano, várias vezes por dia, o MadiaMundoMarketing mapeia, identifica e traduz cada nova movimentação, e passa essas informações para as empresas clientes, parceiras e amigas, sinalizando sobre ameaças, desafios e oportunidades.

Agora chegamos ao fim da década de 2010 e ingressamos nos anos 2020. E, trabalhando sobre todo o conhecimento armazenado nos primeiros 20 anos desta franquia *Marketing Trends*, desenvolvemos duas iniciativas que a partir de março de 2020 estarão à disposição de empresas e profissionais.

Para as empresas, desenvolvemos o PROJETO TEBAS. E para os profissionais, o PROGRAMA MATRIX.

Para as empresas, o PROJETO TEBAS é a ponte segura e eficaz que aumenta exponencialmente as chances de sucesso na travessia do velho para o admirável mundo novo.

E para os profissionais, o PROGRAMA MATRIX é o passaporte em direção ao admirável mundo novo, onde não existirão mais os empregos como conhecemos até meses atrás e onde os profissionais, recorrendo ao capital do conhecimento que armazenaram em suas trajetórias, irão se converter em prestadores de serviços e passarão a trabalhar na *sharing economy*, emparceirando-se e compartilhando.

Assim, é com muita honra, alegria e felicidade que apresentamos agora aos nossos amigos empresários e profissionais, como também a todas as empresas em atuação no Brasil, o manifesto de nossas principais iniciativas para os próximos 40 anos do MadiaMundoMarketing, assim como, em nosso entendimento, para o segundo ato da história da humanidade que começa no dia 1º de janeiro de 2020.

Obrigado pelo apreço, carinho, respeito e preferência de todos vocês, queridos clientes, parceiros e amigos.

PROJETO TEBAS

"Decifra-se, ou se devora."

É no que empresas e profissionais correm atrás neste intervalo do primeiro para o segundo ato da história da humanidade. Lá atrás, no original, era a esfinge que perguntava e ameaçava: "decifra-me ou te devoro".

Disruptou-se a frase original...

Todos os viajantes que passavam pela cidade de TEBAS cruzavam com uma estátua. Na verdade, a única esfinge da mitologia grega. Filha de Quimera e Ortros, segundo uns, e de Tifão e Equidna, segundo outros. A todos submetia a um mesmo quebra-cabeça: "Que criatura pela manhã tem quatro pés, ao meio-dia tem dois, e à tarde tem três?". Todos que não conseguiam responder eram estrangulados. Do grego "Sphingo", esfinge, estrangular.

Édipo resolveu o quebra-cabeça. Respondeu: "o homem". A estátua cometeu suicídio, atirando-se de um precipício. E assim caminhamos pelos séculos. Olhando para fora.

Entre as máximas inscritas no Templo de Apolo, em Delfos, lá se encontra, de autoria controversa, a frase "Conhece-te a ti mesmo". Frase usada por Platão, através de seu personagem Sócrates.

PROJETO TEBAS é a ponte para o admirável mundo novo.

Em 1968, Peter Drucker, o papa da administração moderna e do marketing, anunciou que o mundo ingressava na sociedade do conhecimento. Conhecimento em suas quatro dimensões, que nos possibilitará transpor os murais do mundo velho e ingressar no admirável mundo novo, plano, líquido e colaborativo.

O que conhecemos,
Quem conhecemos,
Quem, quanto e como nos conhecem,
E como e o quanto nos conhecemos.

O mundo encontra-se, finalmente, diante de um novo desafio da esfinge. A revolução do conhecimento, no capítulo tecnologia, em vez de empoderar "empóderou" setores de atividade, cadeias de valor, empresas e negócios.

Dissolvem-se.

O PROJETO TEBAS, neste momento único da história da humanidade em que ingressamos, tem por objetivo iluminar o caminho e possibilitar uma travessia tranquila e segura do velho para o novo. A ponte.

Complementando, atualizando, preservando vivo, relevante e eficaz o conhecimento que conta e prevalece, a partir de agora, no mundo dos negócios. Totalmente pensado, planejado e desenhado para todas as empresas.

Todas as que se empolgam com desafios e querem fazer a travessia, alcançar o outro lado.

PROGRAMA MATRIX

No dia 16 de fevereiro de 2018, a revista *Época Negócios*, repercutindo uma grande reportagem da *Bloomberg*, denunciava aquela que se transformara em referência de educação executiva inovadora, a Singularity, sediada no centro de pesquisa da Nasa, Vale do Silício, numa máquina de fazer dinheiro.

Na matéria, acusações de desvio de finalidade, de dinheiro, de discriminação em função de gênero e denúncias de assédio sexual. A Singularity, assim, e antes de completar dez anos, fundada em 2009, por Peter Diamandis, vê muito de seu encanto e magneto precocemente desvanecer.

O PROGRAMA MATRIX tem trajetória contrária e oposta. Sua construção é exclusivamente orgânica. Na soma do aprendizado e do conhecimento de mais de quase sete décadas dos consultores que integram o MadiaMundoMarketing.

Sua matéria-prima genuína decorre dos serviços de consultoria prestados para mais de 500 empresas e 3.200 marcas.

E as três matrizes que o constituem foram construídas nessas décadas e traduzem-se no ferramental qualificado para possibilitar a empresários e profissionais construírem o MAPA, o PLANEJAMENTO – e na sequência colocar em prática –, que os conduzirá, de forma segura e consistente, ao mundo novo que está nascendo. Este é o MATRIX.

O PROGRAMA MATRIX é a balsa, ou o prático dos portos, que possibilita a travessia e atracagem segura. Do velho para o novo. Para empresários e profissionais.

O PROGRAMA MATRIX presencial é realizado duas vezes por ano. Uma em cada semestre.

Sua duração é de 24 meses. Três, dos 24 meses, presencial, uma vez por semana.

E durante os 24 meses, MAD – Mentoria a Distância, através de plataforma construída e atualizada 24 X 24 com esse objetivo a PLATAFORMA PERENNIALS.

As 12 sessões presenciais estão sob a responsabilidade dos consultores do MadiaMundoMarketing e contam com a presença do consultor master Francisco Madia.

No filme *Matrix*, das irmãs Lilly e Lana Wachowski, Morpheus diz:

"Existe uma grande diferença entre saber o caminho e trilhar o caminho. Eu só posso mostrar a porta. Quem tem que atravessar é você".

Mostramos o caminho, a porta, e mentoramos a travessia,
MATRIX, O MAPA PARA ZION.

De empresários e profissionais em direção ao admirável mundo novo.

PS: a partir de março de 2020 o MATRIX passa a ter versão a distância, muito especialmente para atender aos profissionais e empresários fora da cidade de São Paulo.

SUMÁRIO

1. Admirável Mundo Novo 15
    Influenciadores 15
    Tapas e Beijos 17
    Startups e Espermatozoides 19
    Engrandeça-se, Apequenando-se 21
    Sociedade de Custo Marginal Zero 23
    J&J: Não Vai Dar Certo 24
    Howard Gardner, 76 Anos, o Grande Mestre das
    Inteligências Múltiplas 25
    A Reinvenção das Galinhas, Gatos, Cães, Passarinhos e de
    Todas as Demais Espécies 28

2. Inteligência de Mercado 31
    Repelescentes 31
    Carrinhos Abandonados ou Mata-Burro Reverso 33
    Os Últimos Expatriados 35
    Demência Episódica 37
    A Comida e a Música 38
    Mukesh Ambani e a Inclusão Digital 41
    As Razões de Laura 42
    Arrependimento 44

3. Sucessos, Fracassos, Aprendizados 47
    O Estresse do Sucesso 48
    Bill Gates e Marcos Caruso 49
    "Chego e Domino!" 51
    Abadiânia Desmagnetizou 53
    Trump e o Mc 55
    Comer Pelado É um Saco! 57

Hoje o Tema É Miopia 58
Google, O Segundo Fracasso 60

4. Branding 63
Toyota e Takeshi 64
A Revolução da Gucci 65
A Bancarização da Mãe Terra...67
Fuja dos Sintaxischatos Digitais 69
Birkin e os Crocodilos 70
Juca Bala, ou a Importância do *Naming*......................72
A História de um Calendário..74
Uma Nova Você 75

5. Desafios, Ameaças, Oportunidades................................79
O Dia em que o Airbnb Quase Descobriu o Hotel.....79
Embraboeing, ou Boeingembra? 81
Maquininhas 83
Todo Dia, Agora, É Quarta-Feira... de Cinzas! 84
Games, a Nova Droga..86
Para que Serve um Restaurante? 88
Macy's..89
O Dia em que o Santa Luzia Foi ao Shopping.............91

6. Coisas do Brasil..93
No Tempo das Diligências..94
Noites de Brasília 95
Abençoado Mei 97
Náufragos e Sobreviventes..98
Desaparecer sem Deixar Notícias 100
Itaquerão: O Preço de um Desatino 102
Tio Toninho..104
A Latitude dos Cavalos e o Quadrilátero do Desemprego......105

7. Efemérides e Ícones 107
Trump e sua Assinatura...108
Os Sapatos Vermelhos de Dorothy 109

Legado 111
Sergio Rial, um Banqueiro Circunstancial.....................113
500 Anos de Disrupção 114
Orkut 116
A Busca Pelo Equilíbrio 118
Anthony Bourdain 122

8. Inovar é Preciso, Viver Não é Preciso **125**
Live! 126
Saudosa Maloca 127
A Última Loja de Brinquedos...129
Síndrome de Chester...130
Homenagem aos Malucos Sobreviventes 132
Ocitocina, o Hormônio do Sucesso................................134
A Volta de Ray Conniff, ou o Resgate da Orchestration 135
Lições da Disney...137

9. Balanço de Categorias **141**
Dinossauros Agonizantes..141
O Apagar das Luzes 143
"Vou ao Shopping!". Fui..145
A Vazante dos Teatros 147
As Novas Embalagens 148
O Livro, Por Enquanto, Insubstituível 150
Renner, "A Empresa do Ano", Segundo a Revista *Exame*......152
Blockbuster, a Última Loja 155

10. Marketing Legal **159**
Declaração de Guerra aos Pós Brancos 159
"Ô de Casa, Posso Entrar?"... Foi-se 161
Obsolescência: Programada, Planejada, Acelerada 163
Dolce & Gabbana, ou Brincadeira de Mau Gosto 165
Matando os Clientes com Paciência e Crueldade 166
Maneiras Estúpidas de Morrer 168
O Waldorf Astoria é do Governo Chinês... 170
Youtubização das Crianças...172

1

Admirável Mundo Novo

Num mundo de irrelevâncias e perfunctórios prevalecem os influenciadores. Quando um deles se aproxima, escondo a carteira... Tem exceções, mas são raríssimas... Enquanto isso, no ambiente corporativo, é porrada daqui, beijinhos dali; o inimigo da manhã é o parceiro da tarde e potencialmente alguém que poderá nos matar.

Quais as chances de uma *startup*? Menores que a de um espermatozoide. E, finalmente, pensar pequeno – "Think Small", como recomendava o fusquinha, e "Small is Beautiful", como sentenciava Schumacher – ocupa a cena, a paisagem, e todo o mundo. Engrandece-se, apequenando-se, quem diria!

Rifkin matou a pau: *Sociedade com Custo Marginal Zero* chegou! J&J encomendou sapatilhas e parte para a música clássica; tão eficaz e possível quanto "cacareco" dançar *O Lago dos Cisnes*. E a contribuição monumental de Howard Gardner anos depois.

Enquanto isso todos os animais, sem exceção, em processo de reinvenção mediante técnicas como o CRISPR-Cas9...

Influenciadores

Quando ouço a palavra influenciadores, agarro a carteira e não desgrudo um único segundo.

Durante décadas *Veja* foi, e de certa forma continua sendo, o mais importante veículo de comunicação formador e disseminador de opiniões em nosso país, ainda que, agora, agonizante. Pois foi exatamente a *Veja* que, em recente edição, exaltou a figura dos tais influenciadores. Pessoas comuns que se tornam celebridades do dia para a noite devido a uma atividade intensa e supostamente relevante, para um determinado público, nas redes sociais. Três páginas dedicadas aos tais influenciadores digitais, pornograficamente aditivados por BOTs.

Não obstante a importância e dimensão conferidas por *Veja*, meu sentimento em relação aos tais Influenciadores, com raríssimas exceções e num universo hoje de mais de 100 mil pessoas candidatas a influenciador, é o pior possível. Salvam-se, exagerando, 100. Talvez 50. Quem sabe, 20...

Picaretas, incompetentes, jabazeiros. Absolutamente irrelevantes, *fakes*, perfunctórios. Não investiria um único centavo em qualquer um deles e jamais recomendaria a qualquer empresa que cometesse tamanha insanidade.

Nada agregam, na quase totalidade são ignorantes, consistência zero, cometem erros monumentais de português. Assim, colocam em risco as marcas que se associam a suas irrelevâncias.

Alguns dos influenciadores estão presentes na matéria e falam coisas do tipo: "Há dias em que acordo sem a menor vontade de postar vídeos, mas faço assim mesmo. Eu sou o produto. Tenho de seguir meu cronograma. Preciso permanecer conectado, falando com meus clientes o tempo todo, senão perco engajamento...". Socorro!

Algumas pessoas, poucas pessoas, merecem o respeito e a atenção de outras pessoas. Não são os tais de influenciadores. São os verdadeiros formadores de opinião. Jamais vendem suas opiniões, e muito menos promovem produtos e iniciativas de qualquer natureza. Têm um compromisso com a verdade de seus conhecimentos. E total respeito pelas pessoas que recorrem, de diferentes formas, aos mesmos.

Adotam uma atitude ética irrepreensível. Quaisquer insinuações de grana, chamam a polícia. São sensíveis a convencimento. Se você conseguir sensibilizá-los e se respeitarem sua causa, natural e espontaneamente passarão a promover e valorizar suas competências e préstimos. Ou os de sua empresa. Fazem-no conscientes da responsabilidade que têm com todas as pessoas que acreditam em suas manifestações e reverenciam e respeitam seus entendimentos e verdades.

Se você quer ferrar de vez sua marca, contrate um Influenciador. E ature seus constrangedores e lamentáveis agentes. Agora, se você ambiciona um dia converter-se numa referência em seu campo de atuação, além de se preparar absurdamente para qualificar-se a esse merecimento, reconhecimento e distinção, construa um planejamento e ocupe-se numa execução de excepcional qualidade.

Torne-se relevante, admirado e respeitado pela consistência do que você fala e é, pela autenticidade que revela e demonstra em todas as suas atitudes e movimentações. E procure fazer-se reconhecido e admirado pelos formadores de opinião de verdade.

Evite e fuja dessa praga que se denomina influenciadores. Vão defecar em sua marca. Vão cuspir no seu nome. E não há o que limpe direito e muito menos elimine o odor. Quando alguém vier falar em influenciador com você e sua empresa, chame a polícia. Ou grite por socorro. Vai bater sua carteira e ferrar de vez com sua reputação. Os influenciadores e seus agentes picaretas.

Repito e reitero, com raríssimas exceções. E aí não são mais influenciadores, são formadores de opinião. Autoridades em assuntos, territórios e especializações. E, a propósito, não se encontram à venda.

Tapas e Beijos

Poucos se lembram, mas segue uma briga na Justiça envolvendo os dois dos três maiores fabricantes de smartphones. Apple e Samsung.

Tudo começou em 2011, quando a Apple acusou a empresa da Coreia do Sul de copiar o design do iPhone. Na época o iPhone era o 3GS e os Galaxies da Samsung, o Y e o S. Com o passar dos anos, a Apple foi estendendo suas acusações a todos os smartphones da Samsung.

Num primeiro julgamento em 2012, a Samsung foi condenada a pagar uma indenização de US$ 1,05 bilhão pelas supostas cópias. A Samsung não se conformou e recorreu à Suprema Corte americana.

Reconheceu que se referenciou na Apple, mas considerava a indenização um absurdo e despropositada. Pleiteava e aceitava pagar a no máximo US$ 25 milhões. A Suprema Corte alegou que jamais seria a instância adequada para julgar a pendência e devolveu o caso para a Corte Distrital da Carolina do Norte.

Conclusão, e não muito diferente do que acontece com a Justiça brasileira: até hoje a pendência continua sem decisão. E nesse meio tempo, e para dar sequência a seus recursos, a Samsung já desembolsou o equivalente a US$ 548 milhões.

Enquanto isso, a Samsung continua figurando entre os principais fornecedores da Apple, o que caracteriza muito os dias e tempos em que vivemos. Inimigos nas disputas porta para fora, e amigos nas necessidades e interesses. Tapas e porradas de dia, e afagos à noite.

Aperte o F5, livro do CEO da Microsoft, o genial Satya Nadella, outro exemplo fantástico dos tapas e beijos. De novo envolvendo a Samsung, mas desta vez a Microsoft, e não a Apple.

A nova política da Microsoft, a partir de Nadella, era desenvolver aplicativos da empresa para plataformas concorrentes como o sistema operacional Android do Google e o IOS da Apple. Todos os aplicativos já deveriam vir instalados nos smartphones para facilitar a vida dos proprietários e possibilitar uma rápida adesão e preferência.

Depois de encontros e negociações, decidiu-se por uma parceria com a Samsung por 30 anos. No meio do caminho a Microsoft anuncia a compra da Nokia e, ato imediato, a Samsung recusa-se a continuar com a parceria e o presidente da empresa, Jong-Kyun, corta relações e recusa-se a receber qualquer dirigente do agora ex-parceiros.

A Microsoft recorreu a um importante, sensível e competente intermediário, Peggy Johnson, que estava chegando à Microsoft depois de anos de sucesso à frente da divisão de parcerias da Qualcomm. Inclusive com a Samsung.

Respeitada por Jong-Kyun, Peggy foi recebida. Depois de sucessivas reuniões, conseguiu superar todas as barreiras. Estabeleceu-se um novo acordo que define bem como são as relações nos tempos de hoje. Tapas e beijos. Em alguns setores e negócios, concorrentes impiedosos. Em outros, parceiros leais e apaixonados em benefício dos clientes e acionistas das duas empresas.

Diz Satya Nadella: "A confiança baseia-se em muitos e outros fatores. Respeito, saber ouvir, transparência, foco e disposição de apertar o F5 sempre que necessário". Só a total integridade nesses atributos possibilita parcerias, somas, *sharing business*, com verdadeiras e consistentes possibilidades de sucesso. Parcerias e negócios feitos para durar.

Deu para entender. Daqui para frente é assim. Não massacre tanto seu concorrente. Não seja impiedoso e cruel. Quem sabe, mais adiante, venha a ser seu mais importante parceiro. Seu novo e grande amor.

Startups e Espermatozoides

Muitas pessoas me perguntam sobre desafios e perspectivas das centenas de milhares de *startups* que agora invadem o mundo. Respondo que o desafio é monumental e as perspectivas, ou chances de vitória, semelhantes às de um espermatozoide.

Muito pior do que na Bíblia, onde "muitos serão chamados e poucos os escolhidos", milhares tentarão, mas apenas um conseguirá ser bem-sucedido. Mas, depois de conseguir e superar a etapa de concepção, tem pela frente todos os demais estágios. E aí tudo fica mais difícil, complexo, e ainda tem o ataque dos concorrentes. A disrupção da disrupção.

Vou tomar como exemplo a Movile, já no terceiro estágio, e após 20 anos...

Tudo começa com o Business Plan, mais conhecido no popular como Mapa, onde se projetam a decolagem, crescimento e sustentação, etapas a serem alcançadas. Como se fosse o percurso de um trem ou avião. Depois da decolagem, a *startup* precisa demonstrar-se capaz de permanecer voando, viva e consistente. Aí já morre a maior parte.

Confirmada a sustentabilidade, vão-se testar as possibilidades de um novo arranque e as perspectivas de alcançar a próxima altitude. Vamos imaginar que da decolagem à primeira etapa a *startup* tenha alcançado três mil metros de altura. O objetivo da segunda etapa é chegar e se sustentar nos seis mil.

Uma vez alcançada esta marca, checam-se a potência revelada e sua capacidade de chegar a uma altura superior a dez mil metros. E, em cada um desses três momentos de sucesso, muitas vezes é necessária uma nova rodada de captação de recursos e investimentos.

E investidores só concordam em aportar mais recursos desde que sintam a consistência da decolagem, a força da sustentação e o potencial de ascender a uma altitude maior.

É o que vem acontecendo com a Movile, dona dos aplicativos iFood e Playkids. Meses atrás concluiu com sucesso mais uma rodada de investimentos. No fim de 2018, recebera numa segunda rodada, e já voando próxima dos seis mil metros de altura, US$ 82 milhões. E agora, já batendo acima dos dez mil metros, outros US$ 124 milhões. Mas por que, perguntarão vocês, mais investimentos para uma empresa que já vem alcançando grande sucesso?

Para acelerar o crescimento e prevenir-se de um eventual ataque de concorrentes. Consolidar e fortalecer as posições alcançadas e tornar mais difíceis eventuais e prováveis ataques. Fabricio Bloisi, fundador e líder da Movile, declarou ao *Valor Econômico* sobre a nova rodada de investimentos: "A empresa agora é muito maior, está crescendo muito, e tem potencial para crescer muito mais. Assim, queremos acelerar e aproveitar o momento".

iFood e Playkids talvez sejam os negócios mais conhecidos da Movile. Mas desde seu início multiplicou seu tamanho dezenas de vezes. No território das entregas, além do iFood, tem a Loggi. Em conteúdo para crianças, além da PlayKids, tem a Leiturinha. Em gestão de logística, a Maplink. Em venda de ingressos, a Sympla, E em música, a Superplayer. Meses atrás, em março, a Movile ingressou no território das *fintechs*, com a compra da empresa Zoop.

É esse caminho, já percorrido até agora pela Movile, que milhares de empresas que nasceram nos últimos anos pretendem percorrer. Uma corrida de espermatozoides. Milhares tentam, mas apenas um chega lá! Imaginem os riscos dos investidores...

Assim, e respondendo aos que me perguntam, o desafio é esse, as perspectivas e possibilidades de sucesso são essas. Desconheço outros caminhos, atalhos e alternativas.

Preparado? Tudo o mais é delírio, autoengano, mergulho no abismo, por mais que na superfície e nas aparências o céu pareça ser azul de brigadeiro. Definitivamente, não é.

Não me recordo de nada próximo em termos de taxa de mortalidade.

Quem sabe, repito, espermatozoides em desabalada e inútil carreira.

Engrandeça-se, Apequenando-se

Em 1973, o economista britânico Schumacher profetizou: "Small is Beautiful" – contextualizando e construindo toda a sua base conceitual a partir da criação do redator Julian Koenig, da agência DDB – Doyle Dane Bernbach, para seu cliente Volks.

Anúncio antológico e monumental do fusquinha, "Think Small". Ano 1959. Manifestações pontuais, visionárias e proféticas de um mundo que ganharia consistência e escala a partir da virada do milênio.

Como decorrência, hoje, agora, os megaespaços corporativos em processo de derretimento radical. Pessoas trabalhando de suas casas ou de ilhas de *workspaces* próximas de onde moram. Shopping centers e lojas de departamentos fechando suas portas às dezenas a cada ano. Dos supers para os hipers, e agora o culto aos minimercados.

Milhares de casas e apartamentos vazios e abandonados pelas metrópoles mundiais para pessoas que não precisam e não querem tanto espaço diante de televisores que deixaram de ser móveis e reduzem-se a telas, de LPs, CDs e vídeos que migraram do analógico e chegam via *streaming*...

Agora se começa a questionar as grandes salas de concertos em todo o mundo. Quase todas construídas no século passado, nos centros das cidades, e apostando num mundo verticalizado e que agora se horizontaliza.

Em matéria recente da revista *Época*, tradução de um artigo do trompetista da Orquestra de Baltimore, Andrew Balio, a questão do tamanho das salas de concerto é colocada em discussão. Balio começa perguntando e se perguntando: "É a música que serve ao espaço ou o espaço que serve à música?".

As grandes casas de concerto em todo o mundo, com mil ou mais lugares, vivem crises definitivas e terminais, enquanto pequenas salas, para não mais que 200 a 300 lugares, crescem e prosperam. O MET, não o museu, o Metropolitan Opera de Nova York, é uma das grandes salas em crise superlativa. Oferece quatro mil lugares. Ninguém mais se lembra da última vez que os quatro mil lugares foram totalmente ocupados, mas todos se lembram de muitas óperas com não mais que 200 pessoas perdidas naquela imensidão.

Em seu artigo, Balio diz: "Num mundo dominado por corporações internacionais, idas diárias ao trabalho em avenidas com dez faixas e ritmo frenético e constante de nossa tecnologia de todo o dia, tudo o que desejamos são coisas de pequenas dimensões; e humano, conhecido e íntimo. Agora e sempre...".

O hotel butique, o restaurante *farm-to-table* (comida da fazenda à mesa), os negócios locais, tudo está voltando à moda. Se é que saíram algum dia.

Estamos procurando um antídoto para nosso mundo gigante, automatizado e movido por números. A música clássica é o remédio perfeito, mas não se continuarmos a apresentá-la como fazemos hoje...

"Não podemos continuar insistindo para que as pessoas entrem em salas tamanho Maracanã, com um ingresso numerado nas mãos como única forma de identificação, e então se sentem metros de distância, com estranhos que jamais conhecerão, sem nenhuma esperança de que alguém traga uma taça de vinho ou um café, nem mesmo um sorriso. Não é à toa que as salas de concerto estão vazias...".

É isso amigos. O anúncio para o fusquinha, grito isolado de 1959, confirmou-se: "Think Small".

Schumacher estava certo, 1973: "Small is Beautiful".

Finalmente aconteceu. Estamos nos apequenando espacialmente para nos engrandecermos humanamente. Já era tempo.

Sociedade de Custo Marginal Zero

No ano de 2014, Milton Assumpção, querido amigo, membro da Academia Brasileira de Marketing, traduziu e lançou no Brasil, provavelmente, o melhor e mais inspirador livro desta década: *The Zero Marginal Cost Society* (*Sociedade com Custo Marginal Zero*).

Um novo livro do genial e competente Jeremy Rifkin lançado em nosso país pelo Miltão. Segundo a revista *Exame*, comentando Rifkin: "A busca incessante pela produtividade teve tanto sucesso que levará a um ponto no qual o custo marginal – ou seja, o custo de se produzir uma unidade adicional de um produto ou serviço – beira a zero!".

De certa forma, prenunciando e anunciando o Sharing World. A sociedade do compartilhamento. Do Uber, do Airbnb, do ensino para milhões a distância, etc.

Em síntese, as margens caindo absurdamente, os lucros corporativos secando, o fim da economia da escassez e o prevalecimento da economia da abundância... Em maiores ou menores proporções, é o que vemos em nossa frente todos os dias.

É rara a semana em que não comentamos sobre a revolução no sistema de saúde e na medicina. Onde um hemograma que custava R$ 100,00, hoje é oferecido por menos de R$ 10,00. Onde uma consulta que ficava na casa dos R$ 200,00 e R$ 300,00, com médicos mais acessíveis, e R$ 1.000,00 nos bambambãs, agora custa menos de R$ 100,00 na esquina e no caminho das pessoas.

O horário do almoço nos Jardins, em São Paulo, é uma ótima referência. Há 18 anos, quando o MMM mudou-se para rua Padre João Manuel, quase esquina com a Lorena e vizinho à Casa Santa Luzia, era difícil almoçar em alguns dos restaurantes de lá por menos de R$ 100,00.

Há seis meses, quando o MMM mudou-se para a avenida Angélica, todos os restaurantes ofereciam um combinado decente e digno no almoço por menos de R$ 40,00. Alguns por menos de R$ 30,00. E outros, ainda, na casa dos R$ 19,00. E agora as grandes redes começam a voltar-se para os ganhos de quantidade, sem prejuízo da qualidade, e privilegiando o horizontal.

Assim, não foi surpresa ler nos jornais anos atrás que a empresa brasileira pioneira no Casual Diner, a Madero, de Curitiba, recebeu uma consistente injeção de investimento do apresentador Luciano Huck, para a montagem de uma segunda rede, a Jeronimo, com 20 lojas até o fim de 2018, em diferentes lugares do país, e um tíquete médio de R$ 29,00, ante os atuais R$ 52,00 da Madero.

Todas as demais redes concentram-se, em reuniões atrás de reuniões, considerando essa nova e essencial realidade. Baixa, ou morre.

Rifkin estava coberto de razão. Ingressamos definitiva e inexoravelmente na Sociedade de Custo Marginal Zero.

J&J: Não Vai Dar Certo

Recentemente, no jornal *Valor Econômico*, a tradicional e vencedora Johnson & Johnson anunciou uma revisão estratégica radical.

Há dois anos no comando da empresa no Brasil, André Mendes é enfático: "Estamos passando por uma transformação cultural. Decisões prioritárias serão tomadas em até 24 horas. A partir de agora passamos a nos comportar e vamos ter uma atitude de *startup*. Seremos um gigante dançando balé".

Definitivamente, não serão por razões óbvias. Até mesmo porque nunca testemunhamos, em nenhum momento da história do mundo corporativo, um elefante dançar o *Lago dos Cisnes*.

Na verdade, a estratégia de Mendes já vem sendo executada desde janeiro do ano passado. Criou três novas unidades. Uma de produtos de beleza, outra para a gestão dos investimentos em marketing e a terceira especificamente para duelar nas redes sociais.

Como exemplo do sucesso dos primeiros meses, Mendes cita produtos que levariam dois anos para ocupar novos pontos de venda e que agora vêm conseguindo em até dois meses.

Os limites de alçada e decisão foram ampliados, e as situações em que o comando precisa ser consultado foram reduzidas ao mínimo. Mendes pontua: "Não somos mais a J&J de 20 anos atrás, que se limitava a produtos para a saúde, cuidados femininos e que se preocupava em proteger as crianças do sol com o Sundown. A abrangência do nosso leque de atuação no mínimo duplicou...".

Tudo bem. Lembro-me do mandamento 19º do meu livro *Os 50 Mandamentos do Marketing*, melhor livro do ano do Prêmio Jabuti da Câmara Brasileira do Livro. O 19º mandamento diz: "Um elefante leva séculos para comportar-se como um coelho, mas sempre será um elefante".

A transformação que André Mendes acredita que sua J&J seja capaz de fazer é uma impossibilidade absoluta. Enquanto o transatlântico carregado de problemas tenta mudar sua direção, centenas de lanchinhas rápidas e leves vão ocupando pequenos espaços, que, gradativamente, se convertem no mercado total.

Apenas isso. Dos atuais dinossauros, tipo J&J, sobrarão menos de 10%.

Tenho o maior respeito e admiração pela J&J, mas, se a estratégia é essa, vai ficar pelo caminho.

Howard Gardner, 76 Anos, o Grande Mestre das Inteligências Múltiplas

Ou, se preferirem, "O PSICÓLOGO QUE ACABOU COM A DITADURA DO QI".

Recentemente, o grande mestre das inteligências esteve no Brasil. Veio participar de um congresso. E foi entrevistado pelos principais jornais do país.

Na verdade, Gardner causou grande frisson foi no ano de 1997, quando veio ao Brasil falar sobre sua teoria das sete inteligências. Decretando o fim da ditadura do QI, como se só existisse essa inteligência.

Naquele momento, entre outras entrevistas, concedeu uma marcante para a *Folha de S.Paulo*. E que mais de 20 anos depois permanece atual.

Na época só se falava de *inteligência emocional*, título do livro de Daniel Goleman.

Apenas uma das sete inteligências descritas pelo educador e psicólogo da Harvard University, dos EUA, Howard Gardner, 54. Além da inteligência emocional, segundo Gardner, os seres humanos têm também a inteligência lógico-matemática (como a de um cientista), linguística (como a de um poeta), espacial (de um piloto de avião ou escultor), musical (de um compositor), corporal-cinestésica (de Pelé) e interpessoal (de um professor).

Naquele momento, entre outras afirmações à *Folha*, Gardner disse:

1. Se algumas pessoas são mais inteligentes que outras, ou desenvolvem a inteligência no correr da vida...?
   Gardner – Ambos. Isto é, nós não temos, todos, o mesmo potencial em cada tipo de inteligência.
   Mozart tinha mais potencial em inteligência musical do que eu tenho, e esse potencial é determinado geneticamente. Por outro lado, você pode ter todo o potencial do mundo, mas, se não tiver oportunidades de aprendizagem, motivação, bons professores, você não vai desenvolvê-lo. Mozart não só tinha mais potencial, como também tinha um pai que trabalhava com ele 20 horas por dia.

2. As razões da sociedade valorizam mais a inteligência lógico-matemática que as outras?
   Gardner – Há duas explicações muito diferentes. Uma é prática, na medida em que muitas ocupações dependem dessa habilidade – a engenharia, por exemplo. Mas outra, por tradição. Outro dia eu estava falando com um engenheiro que disse que nunca usou cálculo, embora tenha sido parte essencial de sua educação.

3. Se os asiáticos seriam geneticamente melhores em lógica matemática?
   Gardner – Não. A melhor demonstração disso é que, se você pega um japonês e um garoto norte-americano na 1ª série (6 anos), seus QIs e resultados em provas de matemática são semelhantes. Na 6ª série, os melhores alunos americanos têm resultados semelhantes ao dos piores japoneses. Os japoneses não tiveram um transplante cerebral, eles trabalharam duro e seus professores são focados e comprometidos.

4. Como a teoria de inteligências múltiplas pode ajudar os pais a criar os filhos?

Gardner – Os pais não serviriam bem a seus filhos se eles simplesmente fizessem um julgamento do tipo: "Minha criança é esperta ou minha criança é burra. Se é burra, não há nada que eu possa fazer. Se a criança é esperta, eu não tenho que fazer nada".
É muito mais importante tentar entender o perfil das habilidades da criança e as suas fraquezas e trabalhar duro por oportunidades de aprendizagem que aproveitem esse perfil específico. Algumas pessoas podem escolher favorecer os pontos fortes, outras fortalecer os fracos. Eu não faço recomendações em um sentido ou outro. Mas acredito que, quando a criança é nova, é muito importante dar experiências amplas e, quando fica mais velha, é bom concentrar-se nas áreas fortes.

5. Sobre o que os pais não devem fazer?
   Gardner – Evitar o narcisismo positivo ou negativo. Narcisismo positivo quer dizer: "A coisa que eu sei fazer é tocar violino, então minha criança tem que tocar violino". Narcisismo negativo é: "A única coisa que eu não consegui fazer é jogar futebol, então meu filho vai jogar futebol". Em cada caso, o pai está projetando sua adequação ou inadequação, no lugar de prestar atenção na criança e tentar descobrir o que ela deveria estar fazendo.

6. Como sua base conceitual afeta o trabalho?
   Gardner – O que eu faço no local de trabalho, como empresário ou líder de uma equipe, é, primeiro, tentar descobrir quais são as inteligências de meus comandados e como usá-las de forma que eles façam bem o seu trabalho. E, depois, muito importante, é montar equipes nas quais as pessoas se complementem. Anos atrás, antes de desenvolver essa teoria, ou contratava pessoas que eram como eu ou tentava fazer as pessoas serem como eu. Ambos são um erro. Hoje eu busco pessoas que trabalham bem juntas, que tenham perfis de inteligência contrastantes.

Recentemente, Gardner voltou ao Brasil e reiterou: "Temos de enfrentar o desafio de tornar todas as nossas crianças mais empáticas. E só se consegue isso com o exemplo: de professores e dos pais. Se pais e professores não demonstram compreensão e sensibilidade com os outros, não há como desenvolver essa competência e componente nas crianças...".

É isso, amigos leitores. Howard Gardner mudou nossas vidas, ao organizar e explicar o óbvio. Antes dele, ou tínhamos um QI ótimo, ou estávamos condenados ao ostracismo. Estávamos literalmente na roça.

Anos depois das inteligências múltiplas de Gardner, alguém decidiu pesquisar e conferir o que tinha acontecido com os gênios dos QIs das principais universidades americanas. Se eram ótimos gestores, líderes, se estavam milionários, e o que mais...

Constatou-se que apenas 7% deles conseguiram algum sucesso na vida. Faltava a eles o mais importante, o elixir do sucesso e da realização. Faltava a todos eles a inteligência social resultante da combinação de algumas das inteligências. E que hoje traduzimos como empatia. E que nós, aqui no MMM, definimos como... marketing.

A verdadeira inteligência. "Put yourself in someone shoes".

Colocar-se permanentemente no lugar dos outros... e respeitá-los como são antes, durante, depois e sempre... O tempo todo! E aí tudo flui; fica mais fácil, concretiza-se e segue!

A Reinvenção das Galinhas, Gatos, Cães, Passarinhos e de Todas as Demais Espécies...

Nos próximos anos, e diante das infinitas discussões que serão travadas sobre todas as novas possibilidades da medicina, o que aconteceu com a galinha nos últimos 50 anos será referência obrigatória. E estará presente em todas as discussões.

O exemplo: segundo os registros disponíveis, e voltando-se para trás até o primeiro desses registros, hoje se sabe que a galinha, tal como era até 50 anos atrás, é originária do sudeste asiático, onde foi domesticada há quase oito mil anos.

No entanto, só dos anos 1950 para cá e segundo estudo que vem sendo divulgado pela Universidade de Leicester, o ser humano começou a mais radical reinvenção desse animal. Mediante utilização dos novos recursos e conhecimentos disponíveis, a galinha que renasceu há pouco mais de 50 anos não tem absolutamente nada a ver com a galinha original... Talvez, e tão somente, o bico e as penas; todo o restante é novidade.

Os 23 bilhões de galinhas que neste momento ciscam confinadas ou livres, e em função das mudanças genéticas, equivalem a 69 bilhões – três vezes mais –, tantas foram as alterações para aumentar a massa de carne que carregam e transportam. O que, naturalmente, mudou por completo a forma de ser e caminhar das galinhas.

E tudo o que foi realizado e conquistado, segundo a maioria, e mutilado e desfigurado, segundo uma minoria e ativistas, é ficha, diante das novas possibilidades da edição genética, possível desde 2013, com a conquista do CRISPR-Cas9.

Medicina por edição, que permite correções genéticas antes do nascimento, e depois também.

Diante de tudo isso, comer ou não as galináceas? Ir ou não ir ao Kentucky Fry Chiken e ao Popeye? Continuar comprando ou não os frangos produzidos nas famosas televisões de cachorro, devidamente cortados com tesouras especiais, antes de serem devorados nas casas? Questões que a tecnologia, a ciência e o novo passam a colocar diante de nós de forma recorrente.

Para não estressar e nem levar o amigo ao desespero, restringi este comentário às prosaicas galinhas.

Mas a edição genética, que começa a salvar vidas e prolongar existências mediante correção, é passível de aplicação e também, além das galinhas e das pessoas, em todas as demais manifestações de vida.

Em 30 anos não nos lembraremos mais como eram as batatas, rabanetes, beterrabas, beringelas, tomates, alfaces, bois, vacas, peixes, rosas, cravos e girassóis... Mais uvas, melancias, mamões, melões, abacates, figos e abacaxis, entre outros. Quem sabe, diante de tanta transformação, precisaremos reescrever as poesias e recantar todas as canções...

2

Inteligência de Mercado

Um dia todos fomos adolescentes. Uma doença inevitável que, felizmente, para 99,99% das pessoas passa. Finalmente, e para atenuar adrenalinas enlouquecidas, descobriram-se os repelescentes! Já era hora.

A galerinha da tecnologia superou-se e, sem se dar conta, inventou os mata-burros reversos. E o mundo vai se despedindo – já era hora – dos expatriados. Ano após ano, cresce a incidência da DE – Demência Episódica – nas empresas.

Nada melhor, se sensível e preciso, e nada pior, se tosco e disperso, que a combinação comida e música. Um maluco beleza bilionário, Mukesh Ambani decidiu integrar digitalmente todos os indianos. Vai ficar mais bilionário, ainda, e deixar um legado monumental.

Laura coberta de razões sobre o porquê de a maioria das empresas não conseguir vender seus produtos, e agora, finalmente, a possibilidade de as pessoas se arrependerem e seguirem a recomendação de Chico Xavier. Ao menos, no digital.

Repelescentes...

Quem foi o gênio? Quem realizou essa proeza? Quem conseguiu espantar adolescentes? Aquela doença que todos temos, mas que felizmente – para a grande maioria – passa.

Por razões que a razão nem mesmo imagina, o fato é que no ano de 1982 um shopping no Brasil decidiu eleger como público-alvo, como *target* essencial, pasmem, os adolescentes. E assim nasceu o Morumbi Shopping. Todo um andar voltado para adolescentes, culminando com uma monumental pista de patinação.

Os adolescentes adoravam. Todos! Passavam as férias no Morumbi Shopping. Consumiam uma Coca-Cola, eventualmente um cachorro-quente, mexiam com todos os demais frequentadores, que muito rapidamente desistiram da novidade. Antes mesmo de completar dois anos, o Morumbi Shopping se deu conta do absurdo, detonou a pista e o piso e converteu naquela que talvez seja até hoje a maior praça sofisticada de alimentação dentre todos os shopping centers do mundo. Com a presença de muitos e ótimos restaurantes. Corrigido o grave equívoco, decolou, sendo hoje um dos três shopping centers mais bem-sucedidos da cidade de São Paulo. Se já tivessem descoberto os repelescentes...

Segundo matérias publicadas em diferentes plataformas de comunicação no ano passado... Adivinhem... O mais eficaz, dentre todos os repelescentes, é... a... música clássica! Melhor ainda, meio parecido com o SBP, que se diz "terrível, mas só contra os insetos". Com todos os demais públicos, exceto os adolescentes, a música clássica atrai, magnetiza, encanta, conquista!

O primeiro estabelecimento comercial que teve a ideia e a iniciativa de testar essa solução, já quase no desespero, foi a 7-Eleven. Uma loja da rede, na província canadense de Colúmbia Britânica, depois de esgotados todos os recursos para expulsar jovens adolescentes que passavam horas em seu estacionamento aparentemente drogados, colocou Mozart nos alto-falantes dirigidos especificamente para esse espaço. Em alto e bom som! Vazaram, como costumam dizer, em questão de minutos; e nunca mais voltaram para buscar dois skates e um par de patins que esqueceram na pressa.

O sucesso foi tanto que todas as demais lojas da franquia adotaram o mesmo procedimento com idêntico sucesso. Anos depois o mesmo aconteceu em West Palm Beach, na Flórida. Músicas de Beethoven, Mozart e Bach para "espantar" a horda de drogados que viviam pela redondeza. Mas que deu certo e a polícia local comemorou a queda quase que a zero dos problemas das madrugadas... E a clientela adorou!

E assim a música clássica, quem diria, encontrou uma plataforma para índices maiores de popularização. E hoje se faz presente como medida reconfortante e acolhedora das pessoas em diferentes países de todos os continentes, mantendo a distância inconvenientes de toda ordem e procedência.

Recente matéria assinada pelo jornalista Theodore Gioia, da *Los Angeles Review of Books*, faz o relato de manifestações crescentes e sucessivas em diferentes cidades e países...

"Na Penn Station, em Nova York, pessoas compram seus tíquetes ferroviários ao som de música barroca." No terminal rodoviário Greyhound de Nova York, os viajantes que chegam são recebidos com música de Franz Schubert. O sistema metroviário de Atlanta hoje funciona tendo como trilha sonora, para o deleite de seus usuários, as composições de Händel. O Parque Público em Duncan é patrulhado pela voz de tenor de Pavarotti. Os vândalos literalmente desapareceram. Uma biblioteca da Virgínia anima seus funcionários de limpeza com o som de Mozart. E a briga entre traficantes em Columbus, Ohio, foi resolvida com *As Quatro Estações*, de Vivaldi.

Será que daria certo no Brasil? Será que a música clássica aquietaria o ânimo dos brasileiros e despertaria uma paixão e compromissos maiores com o país, por exemplo?

Vamos tentar? Acho que deveríamos...

Carrinhos Abandonados ou Mata-Burro Reverso

O maior flagelo do comércio eletrônico mundial e que determina o mais consistente vazamento de compras e clientes são os carrinhos abandonados. Todos os dias, em milhares de sites, portais e *market places*, milhões de carrinhos abandonados.

Carrinhos abandonados são consequências, jamais causa. De pessoas inseguras, ou pela idade, ou pela inexperiência, ou por medo, que num esforço supremo conseguem superar todas as resistências e decidem-se arriscar numa compra no comércio eletrônico. E acabam se deparando, em parcela expressiva das vezes, com caminhos e percursos que só amedrontam e provocam pânico, que fazem exigências absurdas e irrelevantes, via de regra decorrentes da cabeça de um programador que não pensou no mais neófito dos seres humanos. Apenas considerou suas próprias dificuldades e construiu uma plataforma ótima – para ele. Para os não iniciados, um horror. Uma espécie de trem fantasma.

Como decorrência, de cada dez pessoas que iniciam um processo de compra, oito abandonam o carrinho. Desistem da compra.

E entre as razões prevalecentes, para pessoas que estão comprando pela primeira vez e são inseguras, sensíveis e extremamente preocupadas, que temem fazer alguma bobagem e perder dinheiro pelo caminho, a maior de todas é uma navegação complicada e demorada. Depois do segundo ou terceiro tropeço, da quarta dúvida, a desistência é inevitável. E lá vão amontoando-se carrinhos pelo caminho.

Recomenda-se aos especialistas, e considerando os que fazem as primeiras compras, que deva existir um cuidado maior em seus cadastramentos. Com o menor número de dados – só os indispensáveis –, de tal forma que essa etapa possa ser superada com facilidade e rapidamente. E esse mesmo tipo de cuidado deve prevalecer nas etapas seguintes.

Temos muitas barreiras a serem superadas para que o comércio eletrônico flua naturalmente. A mais importante de todas é a iniciação das pessoas às facilidades das compras a distância, de forma simples e natural, estendendo a todos o direito de realizar compras sem que precisem sair de suas casas ou nos intervalos do trabalho.

Toda vez que ingresso num comércio eletrônico que se notabiliza pela componente labiríntica de sua concepção, me vem à cabeça uma figura comum da minha infância no interior. Em quase toda propriedade rural existia o tal do mata-murro. Os fazendeiros colocavam mata-burros para se prevenirem da eventual fuga de suas reses e de seus cavalos. Para desencorajar os animais a atravessar a porteira e fugir das propriedades.

Os gênios do comércio eletrônico estão conseguindo reinventar os tais mata-burros. Uma espécie de mata-burro Reverso. Constroem plataformas tão complicadas e inacessíveis que, só de olhar, os eventuais interessados acabam nem mesmo tentando, desistindo. E os que arriscam vão à loucura, arrependem-se amargamente e largam os carrinhos pelo caminho. Alguns chegam a precisar de remédio ou tratamento psicológico.

Outro dia, numa reunião, ouvi de um programador que o comércio eletrônico que tinha desenvolvido para uma empresa estava com uma performance decepcionante porque as pessoas são muito burras. Foi nesse exato momento que caiu a ficha e tive certeza absoluta de que boa parte dos portais e sites não passa de mata-burros. Para inibir e desencorajar para sempre todos aqueles que decidem tentar pela primeira vez. Primeira e última.

E assim as empresas definham sem saber a razão. E programadores sábios confirmam sua tese e afirmações: as pessoas são burras e as empresas não deveriam perder tempo com elas. Apenas não explicam como as empresas vão sobreviver se só conseguem atrair prospects burros e irrecuperáveis. Pessoas normais. Todos! NÓS!

Os Últimos Expatriados

Em 20 anos, no máximo, os novos alunos de administração e negócios ouvirão falar nas aulas sobre um determinado tipo de profissional que prevaleceu durante três a quatro décadas nas grandes corporações.

O expatriado, ou o sem pátria, ou, para os mais críticos, os mercenários, decorrentes de uma visão estúpida das grandes corporações que mais globais seriam quanto globais fossem seus principais executivos.

Bullsheetagem da pior qualidade... E assim, para presidentes e CEOs dessas empresas nos diferentes países do mundo e na maioria das situações, um expatriado, ou, se preferirem, um estrangeiro.

Tudo o que deveriam ter feito era exatamente o contrário. Retirar os melhores executivos de seu país de origem, durante dois ou três anos, para em treinamento intensivo, capacitá-lo e qualificá-lo sobre os propósitos e cultura da organização. E na sequência devolvê-lo para o país que conhece e para o mercado que domina.

Conclusão: tudo o que conseguiram foi produzir presidentes e CEOs emocionalmente desequilibrados, que em muito pouco tempo perdiam o casamento e a família e protagonizavam desempenhos pífios pela impossibilidade absoluta de entender e desenvolver um determinado mercado, de seu total e absoluto desconhecimento, em dois ou três anos, quando então era transferido novamente.

Todo este meu comentário refere-se ao novo presidente da Nestlé no Brasil. Finalmente um brasileiro, mas que fez toda a sua carreira sendo expatriado para cá e para lá. Treinamento estilo joguete!

Marcelo Melchior substitui o presidente, também expatriado e guatemalteco, Juan Carlos Marroquin.

Marcelo ingressou na Nestlé em 1988, pela área de vendas. Depois foi designado chefe de marketing no Peru. De lá foi para a Venezuela para cuidar da divisão de alimentos e bebidas. Em 2003, foi para o México, também para comandar a área de alimentos e bebidas. Mais adiante foi designado para o Panamá para um comando de região. Depois foi transferido novamente para as funções de chefe da área de chocolate. Em 2012, virou presidente da empresa no México. E agora, finalmente, assume a presidência no Brasil.

A pergunta que jamais será respondida é: que Marcelo Melchior, profissional e ser humano, é esse que agora assume o comando da Nestlé de seu país de origem? O que restou do profissional? O que restou do ser humano? Valeu a pena ter pago, pessoalmente, um preço tão elevado e a Nestlé ter investido tanto, de forma esquizofrênica, absurda e não natural?

Esse tipo de entendimento e cultura organizacional, que, repito, em meu entendimento, jamais deveria ter prevalecido, vê em Marcelo seus movimentos finais, seus últimos exemplares. Tristes lições e ótimos aprendizados de como nem preparar e muito menos desenvolver lideranças. Ou, se preferirem, a arte e a ciência de destruir seres humanos.

E pensar que durante mais de 50 anos as grandes corporações cometeram essa barbaridade, praticaram esse crime.

Demência Episódica

De tempos em tempos as empresas piram. Depois recuperam-se.

Em fevereiro de 2011, a Beiersdorf – Nivea – contratou Rihanna para comemorar seus primeiros 100 anos. Em 2012, colocou a campanha no ar: caos! Primeiro contratou Rihanna – "nada a ver com a Nivea por seu estilo e personalidade, jamais pelo tom de pele" – para ser a estrela da campanha "100 Years Skincare for Life".

Segundo o release, a cantora seria a nova embaixadora da marca, e já debutava em suas novas funções toda sorridente e sem roupa, cobrindo os seios com os braços, em março. No mês de agosto, foi demitida do cargo por "não transmitir imagem confiável".

Stefan Heidenreich, CEO da empresa, ao demiti-la, esbravejou: "Eu não entendo por que trouxeram Rihanna para ser a representante visual da Nivea. Somos uma empresa que representa a família, a confiança e a confiabilidade. E não temos a devida certeza se Rihanna está inclusa em nossos padrões".

Rhianna recebeu seu polpudo cachê e preferiu seguir em frente. Fosse hoje, Nivea e Beiersdorf seriam massacradas nas redes sociais. Mas pesada indenização...

Naquele mesmo momento, indisfarçavelmente pirada, e depois de entrevistar oito mil homens e mulheres entre 18 e 65 anos no Brasil, Alemanha, França, Bélgica, Holanda, Rússia, China e EUA, em dois estágios diferentes – personalidade na primeira parte e pele na segunda –, a Nivea concluiu que 30% dos homens entrevistados classificavam-se na categoria dos práticos. Depois vinham os pensadores com 27%; os Intuitivos, 12%; os colaboradores, 11%; e os demais se dividiam em grupos menores.

No Brasil uma pesquisa específica foi realizada nas cidades de Porto Alegre, São Paulo e Recife, concentrada em 600 homens entre 20 e 45 anos. Os práticos totalizaram 29% dos entrevistados e mereceram, a partir da pesquisa, um novo produto. Um produto para homens práticos, que não têm tempo a perder, que gostam de produtos básicos e fáceis de usar.

Foi isso o que eles disseram, não necessariamente o que desejavam. E aí, o que é que a Nivea fez? Entendeu a pesquisa literalmente e lançou o Active 3, um sem sentido 3 em 1 – xampu, sabonete e creme de barbear tudo junto! E reiterou seus propósitos: "continuar levando Nivea para você e para as pessoas do mundo inteiro nos próximos 100 anos". Aquela que se dizia ser hoje "Uma das marcas mais confiáveis do mundo" – E É! Não merecia o que alguns de seus gestores vinham fazendo.

Agora salta para 2017, e a temperatura nas redes sociais ingressara em total ebulição. Primeiro foi a Unilever, que através de Dove conseguiu transformar uma mulher negra em branca, e o digital veio abaixo. Na semana seguinte, e reincidindo nas barbaridades, retornou a Nivea com uma campanha em Gana, Nigéria, Camarões e Senegal, mais outdoors, promovendo um hidratante que "clareava a pele...". Socorro! E meses atrás, não prestando atenção nas baixarias anteriores, a vez foi da Santher, que, para promover seu papel higiênico Personal Vip Black, utilizou o slogan do movimento negro dos anos 1960, "Black is Beautiful". E, com total merecimento, foi linchada.

Mas está na hora de as empresas acordarem e aprenderem a conviver com este momento onde não se deixa passar uma única vírgula, nem um quase imperceptível descuido; e dispensa-se o "desculpe, me enganei...".

Exageros? Não importa. Agora, e sabe-se lá até quando, é assim. E ninguém tem o direito de alegar que foi sem querer. Portanto, trinta filtros antes de falar o que quer que seja.

Sob pena de merecido linchamento público sem direito de retratação. Mas está na hora de as empresas fazerem *branding* genuíno, essencial e de excepcional qualidade.

A Comida e a Música

Vamos começar pela música. Shakespeare dizia: "O homem que não tem a música dentro de si é capaz de traições, conjuras e rapinas".

Dentre os assuntos mais discutidos nos últimos tempos, encontrou-se tempo mais que suficiente para falar sobre a música. E a partir de um comentário de um dos maiores músicos contemporâneos, o japonês Ryuichi Sakamoto, queixando-se da música de seu restaurante do coração, em New York City, o Kajitsu – vegetariano da cozinha shojin, "adoro a comida e adoro o restaurante, mas detesto a música" –, publicado pelo *New York Times*, todos correndo atrás em busca da dosimetria perfeita em intensidade, gênero e volume, do complemento musical, para uma refeição memorável.

Sakamoto veio ao Brasil no ano de 2001, para tocar com Jaques e Paula Morelenbaum, mais Daniel e Paulo Jobim. Uma apresentação no Teatro Alfa, tendo como convidado Gilberto Gil. Anos antes gravara com o casal Morelenbaum o álbum *Casa*, músicas de Tom Jobim, gravado na residência do maior compositor brasileiro de todos os tempos, e no piano dele, Tom. Depois passou por uma grave doença, retornou à atividade, voltou a gravar e fez o comentário ao *New York Times*.

Antes de continuar falando sobre as trilhas sonoras dos melhores restaurantes, dois comentários sobre restaurantes com música ao vivo. Todos sabem que essa combinação é tóxica. Por maiores que sejam os cuidados, um copo vai cair e quebrar, algum ou alguns dos presentes em grau etílico superior ao recomendável falará mais alto, e mesmo o restaurante recomendando e pedindo a todos educação, não necessariamente é isso que vai acontecer.

Dois acontecimentos recentes melhoraram e atenuaram muito esse problema. O primeiro: a proibição de fumar. Quando era permitido, cansei de ver músicos e cantores quase asfixiados de tanta fumaça no ambiente. Em alguns lugares pessoas fumavam charutos a um ou dois metros dos cantores e esmeravam-se, ao soltar a fumaça, a dirigi-la ao cantor.

Um dia, Alberto José Haddad quase matou Carlos Lombardi por asfixia numa casa de tangos que existia na rua Augusta, em São Paulo, pelas baforadas de seu charuto, todas dirigidas para o rosto do cantor. Não conseguiu terminar *El dia que me quieras*.

E o segundo, e para surpresa de muitos, decorrente de um paradoxo ou absurdo. Antes de começar o show, uma voz lembra aos presentes que é estritamente proibido filmar, citando uma série de leis, normas e regulamentos. A sensação que se tem é de que todos os presentes são surdos, porque a primeira coisa que acontece quando o artista começa o show é a maior parte dos presentes com seus celulares nas mãos e gravando o show. De qualquer maneira, melhor assim do que continuarem comendo e conversando.

Nenhum artista que se disponha a fazer shows ao vivo e em restaurantes ou lugares que servem comidas e bebidas pode alegar ignorância, perder a paciência e o humor e desancar ou até mesmo agredir os presentes que vão filmar e pronto.

Mas, voltando à música dos restaurantes, a polêmica tornou conhecidos os cuidados que muitos restaurantes adotam para definir seus cardápios musicais. O Caderno Paladar do *Estadão* mergulhou de cabeça no assunto e trouxe relevantes informações e depoimentos. Que uma universidade nos Estados Unidos, o Berklee College Of Music, oferece um curso específico sobre o assunto música e comida. Que um dos segredos de anos do Ritz e do Spot, segundo uma de suas sócias, Maria Helena Guimarães, é a música. Que precisa respeitar o fluxo da refeição, o estilo da casa e o movimento do salão.

E afirma: "Música tem que ser controlada que nem ar condicionado. Conforme o movimento, o dia e o horário". Nesses dois restaurantes, a responsabilidade pela trilha musical é do DJ Pedro Igor. E no restaurante Charlô, a responsabilidade pela música é do DJ Milton Chuquer.

Paladar entrevistou Janice Wang, da Oxford University e especializada no assunto. Janice disse: "A música pode mudar o sabor que as pessoas percebem na comida aumentando – e depois confirmando – a expectativa do doce, apimentado, salgado e azedo. Em pesquisas realizadas aqui na universidade, esse conhecimento foi mais que comprovado". E disse que o assunto tem um único e definitivo pecado capital e que é a música alta que impede de se ouvir a própria música, inviabiliza qualquer tentativa de conversa e leva os solitários ao desespero. Como conhecedor médio de música, como observador, e absolutamente dependente de música, faço uma única observação, recomendação, pedido: que jamais tentem utilizar uma verdadeira música clássica como trilha sonora de qualquer restaurante.

Por suas características, modulações, frequências, fortes e pianíssimos, altos e baixos, rallentandos, moderatos, suaves e tudo o mais, tornam-se inaudíveis em determinados trechos e insuportáveis em outros.

Música clássica é exclusivamente para audições específicas, em lugares adequados, e para quem de verdade ama esse tipo de música. De qualquer maneira, o tema é desafiador. Mas um megadesafio na vida absurda, esquizofrênica e enlouquecida dos donos e chefs de restaurantes.

Mukesh Ambani e a Inclusão Digital

O Brasil precisa, ontem, do que um milionário está fazendo na Índia agora!

Mukesh Ambani, presidente da Reliance Industries, um dos maiores conglomerados de empresas da Índia, decidiu enfrentar o desafio de integrar digitalmente, com internet de alta velocidade, todos os indianos. E assim está investindo US$ 35 bilhões, criando uma rede 4G que cobre todo o país.

O país ferve. As pessoas mergulham de cabeça na rede. Integram-se e interagem. E começa a nascer uma nova Índia.

Seus críticos dizem que vai perder todo o investimento e que não vai conseguir monetizar. Mukesh discorda e aposta ainda mais. Em muito pouco tempo rentabilizará seus investimentos através da venda de conteúdo, de publicidade e de serviços, muito especialmente serviços financeiros.

O acesso à rede é, a valores de hoje, subsidiado, a preços que todos os indianos possam pagar e se conectar. Na expectativa, de Mukesh, de se ressarcir e ganhar muito dinheiro um pouco mais adiante. O mundo acompanha mais que atento o que vai acontecer com o país a partir de agora.

O Brasil precisa adotar semelhante providência, como tenho insistido. Ontem!

Levaremos duas décadas para resolver os desafios da educação e do saneamento básico; uma década para garantir uma melhor condição de saúde para todos os brasileiros; outra década para tirar milhões de brasileiros da miséria. E assim por diante.

Já para integrarmos todos em banda larga de alta velocidade, é possível superar esse desafio em dois anos. E aí, em vez de ficarem esperando pela solução, e dotados dos meios, reduzirão todos os prazos para no mínimo a metade, correndo de encontro.

Assim, diante da carência monumental que muitos dos brasileiros têm, nem é preciso ensinar a pescar. É suficiente dar a vara e o anzol que o milagre da multiplicação dos peixes acontecerá muito mais cedo do que se imagina.

Vamos nessa?

As Razões de Laura

Próximos de completar 40 anos de consultoria, realizamos mais de 1.200 trabalhos para mais de 500 empresas. No mínimo em 100 dessas 500 empresas, lá pela segunda ou terceira reunião, uma mesma pergunta que os empresários nos fazem, precedida de uma longa narrativa.

Contam sobre todos os cuidados que tomam, da qualidade do produto, do treinamento da equipe de vendas, do relacionamento com os fornecedores; enfim, no entendimento deles, fazem tudo certo.

Mas, mesmo assim, os resultados, muito especialmente de vendas, decepcionam. E aí vem a pergunta recorrente: "Por que as pessoas não compram os produtos de nossa empresa, não obstante todo o trabalho que fazemos?".

Nas primeiras vezes que isso aconteceu, de forma cuidadosa e educada procurávamos sensibilizar o cliente de que na verdade existiam pontos falhos nas práticas da empresa e que muito provavelmente os investimentos que faziam em comunicação careciam de qualidade. Era deficiente ou falha. Quer pela escolha de meios inadequados, quer pela escolha de meios adequados, mas conteúdo frágil, inconsistente, confuso, pífio.

Há exatos dez anos, pesquisando na internet, acabei cruzando com o blog de Laura Lake, que tratava o tema com muita objetividade, consistência e total relevância. Segundo Laura, cinco são as razões por que as pessoas não compram os produtos das empresas:

1. Porque são ignorantes; ignoram a sua existência. Tão simples como. Segundo Laura, como é que você quer que as pessoas comprem o que não sabem que existe?

2. Se conhecem, não perceberam os valores agregados. Não é suficiente caber no bolso do dinheiro e no bolso do tempo das pessoas. Produtos e serviços despertam atenção e vontade de compra quando tangibilizam e comunicam com clareza e precisão todos os serviços que são capazes de prestar.

3. Se entenderam, não reconhecem ser aquele que transcende. A cada dia que passa, produtos de diferentes empresas se assemelham cada vez mais nos serviços que prestam. A diferença reside no estilo e personalidade que transmitem e na forma como prestam esses serviços. Não é suficiente se igualar aos demais concorrentes; é vital transcender.

4. E se reconhecem ser aquele que transcende, precisa também fazer sentido. Não é suficiente superar todos os demais concorrentes. Isso dá ao produto ou serviço a condição de finalista único, mas ainda não foi comprado. Para que a compra se realize é essencial que faça sentido para as pessoas. Que verdadeiramente atenda a uma expectativa já existente, ou mesmo uma criada pela sua presença; mas tem que fazer sentido.

5. E, além de fazer sentido, tem que ser acessível. Não apenas em preço, não apenas pela qualidade de sua distribuição. As pessoas precisam se sentir seguras de que serão capazes de tirar todo o proveito do produto pela facilidade de compra, transporte e, principalmente, uso. A menos que estejam comprando apenas um objeto de decoração. Conclusão:

CONVERTA PESSOAS IGNORANTES EM CLIENTES REALIZANDO A COMUNICAÇÃO COM QUALIDADE. TÃO SIMPLES QUANTO.

Arrependimento

Quem jamais se arrependeu levante as mãos. Quem se arrependeu várias vezes permaneça como está. Tenho certeza, quase que absoluta, que todos vocês, e me incluo nessa admissão e confissão, arrependeram-se de alguma bobagem que falaram, de alguma grosseria que fizeram, de um fora monumental que cometeram. Onde se deixaram levar, dominar, conduzir pela emoção. Tudo a fazer é contar com o esquecimento dos ofendidos e magoados.

No livro de Lillian Hellman, e maravilhoso filme, *Julia*, protagonizado de forma exuberante por Jane Fonda e Vanessa Redgrave, a primeira palavra do livro e do filme é a mesma: pentimento. E a explicação: aquele sentimento que levava alguns pintores, arrependidos, a pintar uma nova obra sobre a obra original. E anos depois, quando, por alguma razão, o quadro começava a descascar, via-se o fundo e descobria-se a obra ou manifestação original. E, de novo, o pentimento, em muitos dos pintores, o arrependimento de terem sufocado e escondido a própria obra...

Sigo agora neste comentário e na companhia de duas frases. As frases são muitas e se repetem e multiplicam sobre o mesmo assunto, mas escolhi duas para este comentário, que tem tudo a ver, e muito, sobre como andamos nos comportando nos últimos 25 anos nas redes sociais.

Desde que os pioneiros, que ingressaram no Orkut por ocasião de seu lançamento, 24 de janeiro de 2004, que chegou a ter mais de 30 milhões de usuários brasileiros, e foi descontinuado em 30 de setembro de 2014, ou dos que se iniciaram pelo Facebook, de 28 de outubro de 2003 – portanto, e diferente do que muitos alardeiam, quatro meses antes do Orkut, com a denominação de Facemash, mas já sob a liderança e inspiração do universitário bullinista e espírito de porco Mark Zuckerberg e seus sócios originais, o brasileiro Eduardo Saverin, mais Chris Hughes e Dustin Moskovitz, as duas maiores redes sociais até hoje...

Enquanto o Orkut ganhava e se arrebentava pelo mundo, o Facemash restringia-se aos alunos de Harvard e, mais adiante, ao de outras universidades americanas, e sempre com o prevalecimento do viés adolescente: aprontar! Quem saiu com quem, quem comeu quem, e por aí ia ou foi... Diante do crescimento e sucesso do Facemash, Mark Zuckerberg trancou-se em seu alojamento na Universidade de Harvard, e em janeiro de 2004, de próprio punho e computador, começou a escrever o código do sucessor do Facemash. Não mais para universitários, para o mundo, o The Facebook. E o resto é história.

Mas, retornando ao início, as duas frases. A primeira é: "Escreveu, não leu, o pau comeu". Mesmo que tempos depois o autor da manifestação tenha se arrependido. Mas, pelos cânones e costumes prevalecentes na internet até hoje, tudo por lá permanece e fica registrado, a menos que os arrependidos corram atrás e se esgoelem para conseguir apagar.

Já a outra frase é a supostamente atribuída a Chico Xavier, e diz: "Você não pode voltar atrás e fazer um novo começo, mas você pode começar agora e fazer um novo fim...". É disso que estou tratando e comentando com vocês.

Mais alguns meses e, finalmente, seremos donos das nossas manifestações passadas. Até hoje não somos. E a nosso critério, quando decidirmos, poderemos apagar ou mudar pensamentos expostos publicamente no ardor de nossa juventude, ou na "porralouquice" de nossas irresponsabilidades.

Quando? Quando a novíssima Lei Geral de Proteção de Dados, já aprovada e sancionada, entrar em campo pra valer. Enquanto isso...

O comediante Kevin Hart, por unanimidade, fora escolhido para apresentar o Oscar. Porém alguém bisbilhotou seu passado nas redes e na internet e descobriu manifestações suas inequivocamente homofóbicas. Nick Vallelonga, cotado para o Oscar de melhor roteirista, acabou vencendo por Green Book, preferiu apagar seu perfil na rede antes que fosse linchado por suposta manifestação de racismo.

O novo presidente do Banco do Brasil, Rubem Novaes, era muito conhecido por seus amigos pelas piadas machistas recorrentes que publicava em suas páginas no "Feice".

Assim que foi escolhido, primeira providencia, deletou a conta, já que não existe a possibilidade de apagar trechos ou manifestações específicas.

Woody Allen, até hoje, permanece com seu último filme, *A Rainy Day in New York*, trancado na gaveta da Amazon, que o produziu, pelas alegações que se multiplicaram nas redes sociais, a partir de uma única denúncia. De uma artista com traços indissimuláveis de desequilíbrio, Mia Farrow, que o acusa de ter molestado a filha adotiva dela e do maestro André Previn, no início dos anos 1990. Todas as demais pessoas que conhecem o casal alegam que Mia jamais perdoou Woody por ter-se casado com sua filha adotiva, Soon-Yi... e por aí vai.

Assim, e a novidade daqui para frente, e quando a Lei Geral de Proteção de Dados valer, o pentimento, o arrependimento poderá ser exercido de forma natural e recorrente, sem a necessidade de medidas extremas, como a do presidente do Banco do Brasil, a quem só restou deletar sua página no "Feice".

E você já começou a relacionar o que pretende apagar de suas caminhadas pelo digital? Ou prefere enfrentar tudo o que escreveu e como se manifestou em momentos de forte emoção?

3

Sucessos, Fracassos, Aprendizados

Quando o sucesso é muito, nem todos resistem. Os índices de suicídios de chefs de restaurantes estrelados em diferentes países é assustador.

Bill Gates e Marcos Caruso têm a mesma característica. Primeiro vendem, depois correm atrás para entregar o que venderam. A arrogância continua presente em muitas das grandes organizações. Repetem "chego e domino". E o que a vida tem ensinado é que nem chegam e muito menos dominam. Como aconteceu com a tentativa pessimamente sucedida do Walmart no Brasil.

De repente, de multidões ao abandono e decadência. O "deus" perdeu a credibilidade, e Abadiânia, literalmente, desmagnetizou. Enquanto Trump, na greve dos funcionários públicos da Casa Branca, recebia seus convidados com uma mesa descomunal de Big Macs.

Durou pouco a brincadeira de comer pelado na França. Além dos acidentes, o fator tédio. E pessoas físicas e jurídicas, por diferentes razões e motivos, perdendo a visão.

E o dia em que o Google fracassou pela segunda vez na tentativa de ser rede social.

O Estresse do Sucesso

Sucesso é bom, mas mata também. Depois de chegar lá, não há mais para onde ir. Para cima, claro. Para baixo as oportunidades e possibilidades são infinitas. E, assim, os que chegam lá comemoram. E, no dia seguinte, sofrem, angustiam-se, e muitos mergulham em depressão. Alguns se matam.

O dia a dia de um chef de cozinha é carregado de preocupações, dúvidas e necessidade de tomar decisões. Trabalha antes, no intervalo e depois. E na hora do show, almoços e jantares, tem que estar elegante, sorridente, acolhedor, por no mínimo três horas.

Suicidar-se é uma circunstância na vida das pessoas. Na dos chefs de cozinha não chega a ser recorrência, mas uma possibilidade que jamais pode ser ignorada. Nos últimos dez anos, dez chefs de cozinha famosos optaram pelo suicídio. E outra centena não tão famosa também.

- Marcus Peter Volke – Austrália
- Tony Robijns – Bélgica
- Tu Yuangao – China
- Richard Brown – Estados Unidos
- Grant Gordon – Estados Unidos
- Anthony Sedlak – Canadá
- Homaro Cantu – Estados Unidos
- Jose Marks – Estados Unidos
- Joseph Cerniglia – Estados Unidos
- Benoît Violier – França

Em 2018, o 11º suicídio, que sensibilizou milhões de pessoas em todo o mundo. O do chef e celebridade Anthony Bourdain.

Dentre todos os suicídios, e sobre o qual escrevi um artigo, cito o de Bernard Loiseau, no dia 24 de fevereiro de 2003, que, diante da perspectiva de perder uma de suas três estrelas do *Guia Gault & Millau*, preferiu matar-se antes.

Dias depois, ao sair o guia, o Le Côte Dór permanecia com as mesmas três estrelas. Não resistiu aos boatos e matou-se antes da não confirmação. Talvez o primeiro de muitos suicídios decorrentes de "fake news".

No dia seguinte ao suicídio de Loiseau, o "pai e mentor profissional de todos eles", Paul Bocuse, que por sinal morreu no início de 2019, de morte natural, disparou: "Parabéns, Gault Millau, vocês ganharam. A sua apreciação custou a vida de um homem. Não podemos mais deixar nos manipular assim. Eu te dou uma estrela, eu te tomo uma estrela, eu te dou um ponto, eu te tiro um ponto. Os críticos são como os eunucos. Eles sabem, mas não podem".

A novidade agora é chefs de cozinha consagrados devolvendo as condecorações e pedindo para serem excluídos de qualquer avaliação.

No início de 2018, Sébastien Bras convocou a imprensa para informar a todos que tinha, não obstante suas três estrelas do *Michelin*, jogado a toalha. Disse, em ótimo francês, "Tô fora! Chega, não quero mais!".

Se a onda pegar, o que farão os guias e os críticos?

Na carta em que explica sua decisão, Bras diz: "Talvez, a partir de agora, eu perca notoriedade. Mas vou-me sentir livre, sem ficar me perguntando se minhas criações agradam ou não aos inspetores do *Michelin*... Somos inspecionados de duas a três vezes por ano. Não sabemos quando. Cada prato que sai pode ser inspecionado. A cada dia servimos 500 pratos. Se errarmos num único e este for o do inspetor...".

Difícil esquecer Bernard Loiseau, como nem mesmo Fernando Adriá, o melhor do mundo, que decidiu fechar seu restaurante por não suportar mais a pressão.

E vale para tudo na vida. Empresários e profissionais. O que estamos fazendo na Terra? Viemos aqui para quê?

Bill Gates e Marcos Caruso

Marcos Caruso mora perto de onde eu moro. Não é incomum cruzar com ele pelas ruas do bairro de Higienópolis, na cidade de São Paulo. Com ele, com o Drauzio Varella e com outros simpáticos e queridos vizinhos.

Meses atrás, ele concedeu entrevista ao suplemento *Eu, Fim de Semana*, do jornal *Valor Econômico*, na seção *À Mesa com o Valor*.

Foi almoçar com Adriana Abujamra na Trattoria Tavolino, da rua Alagoas. No total gastaram R$ 249 com serviço, e comeram frango com risoto de limão e tiramisù de sobremesa. Mais sucos, água e café. Sem bebida alcoólica.

Marcos vai contando sua história. E sua crença de que nada é impossível. E que, quase sempre, primeiro vende e depois vai dar um jeito de entregar.

Por ser assim, furou a segurança e com duas câmeras a tiracolo sem filme e um crachá *fake* de imprensa conseguiu ver a rainha Elizabeth II e o príncipe Philip a um metro de distância no Terraço Itália, quando ele, Caruso, tinha 18 anos.

Tentou seduzir Jaime Monjardim para integrar o *casting* da novela *Pantanal* dizendo ser exímio cavaleiro – uma das competências que Jaime precisava contar com e nos escolhidos para o elenco –, escondendo que morria de medo de cavalos por ter levado uma mordida de um deles em sua coxa. Assim como se apresentou à TV Bandeirantes, que pretendia levar ao ar obras da literatura adaptadas no formato de teledramaturgia, dizendo possuir vários projetos do gênero e prometendo entregá-los em até uma semana… Na verdade, não tinha nenhum, mas, se revelassem interesse e se animassem… daria um jeito.

Era uma vez uma IBM que criou um computador batizado de PC. Mudo e estático. Não rodava. Não escrevia. Não falava. Apenas uma caixa com tela e teclado. Início dos anos 1980. Faltava o sistema operacional.

Bill e seu parceiro Steve contataram Jack Sams, da IBM, e disseram ter a solução para que o PC ganhasse vida. Jack Sams acreditou e confiou aos dois e à minúscula e insignificante Microsoft a missão. Bill Gates e Steve Ballmer não tinham nada.

Foram atrás de uma informação de que um amigo de infância de Bill, Gary Kildall, teria desenvolvido um sistema operacional. Agendaram um primeiro encontro da IBM com Gary, mas Gary não compareceu, preferiu ir pescar a ter que conversar e perder tempo com aqueles dois chatos. Conscientes de que o tempo "rugia" e de que não teriam uma segunda chance, Paul Allen foi atrás de um outro amigo seu, Tim Paterson, que criara um sistema operacional batizado de QDOS.

Tim Paterson era dono da Seattle Computer Products, que se encontrava à beira da falência. Tim disse que só aceitava vender apenas uma licença. Bill e Allen endureceram e compraram o sistema todo por US$ 50 mil. E se apresentaram à IBM com a solução que não mais se chamava QDOS, e sim MSDOS.

A IBM aprovou, pagou US$ 186 mil, sem exclusividade, ou seja, Bill e Allen poderiam licenciar para outros fabricantes. Foi o que aconteceu... O resto é história.

Bill, Allen e Marcos Caruso pertencem a um mesmo grupo de pessoas que, por índole e natureza, primeiro vendem e depois entregam. Você é assim? Fortes emoções, mas quando dá certo. Ou você chega a um Marcos Caruso, ou, quem sabe, a um Bill Gates.

E ainda tem uma ótima história para contar pelo resto da vida.

"Chego e Domino!"

Não chega e muito menos domina.

Nas últimas décadas, foi muito comum grandes empresas que, por razões que a própria razão desconhece, ignoravam o Brasil e o grande mercado que é, e não fincavam nem os pés e muito menos raízes por aqui. Um dia acordam e decidem... "Chego e domino!"

Um dos casos referência é o da Procter. Durante 150 anos ignorou o Brasil. Olhava no mapa e não via. E um dia decidiu tomar conta do nosso mercado.

Chegou maneira, comprando uma empresa de produtos de beleza, a Phebo, e assim permaneceu durante mais de uma década. E com essa cabeça de ponte foi tateando. Quando decidiu vir com tudo, optou por resgatar o território do sabão em pó, que pertencia quase que na totalidade à Unilever – Omo –, decorrente de uma propriedade criada pela própria Procter para Ariel – o Fator Branco. Como a Procter não estava por aqui e nem registrou...

Como a Procter não estava no Brasil, a Unilever, numa boa, apropriou-se do Branco. E deu certo. Em pouco tempo, e até hoje, Omo consagra-se como uma das três marcas de maior sucesso no Top of Mind Brasil, entre todas as categorias de produtos. Assim, e nesse território específico, em que bravateava "Chego e domino!", poucos anos depois a Procter jogou a toalha e desistiu.

Sua posição só melhorou um pouco por aqui em face de aquisição que fez em todo o mundo, que lhe trouxe uma estrutura de logística e distribuição compatível com a dimensão do país. A Procter só chegou pra valer no Brasil quando comprou a Gillette.

Idêntica situação viveu o Walmart, maior empresa do mundo analógico, com mais de 2,2 milhões de colaboradores e 11 mil lojas. A decisão de desembarcar no Brasil é de 1995. E o grito de guerra, o mesmo "Chego e domino!". Passaram-se mais de 20 anos, investiu montes de dinheiro e jamais saiu de um terceiro e distante lugar.

Atacada mundialmente por diferentes *players* do comércio eletrônico, em especial pela Amazon, decidiu focar nesse território e reconsiderar muitos de seus movimentos nas últimas décadas. Conclusão: *bye-bye* Brasil. No ano passado sua operação foi vendida – 80% – para um *private equity*, o Advent. E os números não foram não revelados, mas acredita-se em monumental prejuízo em relação a tudo o que investiu por aqui.

A vida é muito mais difícil do que imaginam líderes mundiais que decidem, porque decidem, invadir novos territórios e dominar do dia para a noite. Na prática, a realidade é outra, e quase sempre essa platitude – o tal do "Chego e domino!" – não passa de "bulshitagem" e nada acontece.

Até anos atrás tivemos outro exemplo dessa tolice: a Philip Morris, que chegou por aqui nos anos 1970 e disse que tomaria todo o mercado da Souza Cruz (British American Tobacco), como já acontecia na maioria dos países onde as duas empresas brigavam. Quando chegou, a Souza Cruz tinha 70% do mercado e os outros 30% pertenciam à Reynolds e a outras cigarreiras menores. A Philip Morris comprou todas as demais empresas e, em tese, deveria ter 30% do mercado. Hoje, 50 anos depois, os 30% que a Philip Morris comprou reduziram-se a 15% e a Souza Cruz subiu sua participação de 70% para mais de 80%.

O mesmo que aconteceu com a Unilever, que massacrou a Procter, e agora com o Walmart, que reconhece sua impossibilidade de dominar, joga a toalha e é humilhado pelo Pão de Açúcar – hoje grupo Casino – e pelo Carrefour.

Que os gigantes aprendam a lição. Deveriam... Mas não vão. Acreditam sempre que podem tudo. Embora a realidade já tenha mais que demonstrado que não podem... Ignoram e mandam ver... E perdem tempo, energia, dinheiro... Muito dinheiro.

Não existe o "CHEGO E DOMINO!". Próximo.

Abadiânia Desmagnetizou

A escolha de um ponto comercial é uma das missões mais desafiadoras que um profissional enfrenta – 50 metros antes, 50 depois, dependendo de quem são os vizinhos, considerando-se as mãos do trânsito, o que acontece após a escolha e infinitos outros fatores. Assim, um ponto óbvio de sucesso certo pode converter-se num mico em 24 horas.

Durante quase quatro anos, como responsável pelo marketing do Itaú, no início dos anos 1970, meu departamento cuidava da escolha dos locais das novas agências. Decorrente do aproveitamento das cartas patentes disponíveis e autorizadas pelo Banco Central, ou liberadas pelos processos de fusão e incorporação de outros bancos, o que sempre caracterizou a trajetória do Itaú.

Nos quase quatro anos que permaneci na função e no Itaú, definimos a localização de mais de 300 agências. Em 10% das escolhas nos deparamos com problemas posteriores. Definida a localização e escolhido o imóvel – comprado ou alugado –, antes da agência ser inaugurada vinha a prefeitura e mudava o sentido do trânsito na região.

Ou começava aquela grande obra que todos esperaram por décadas e finalmente ia acontecer porque o novo prefeito assim decidiu... E aí o ótimo ponto perdia muito de sua qualidade e a decisão precisava ser imediatamente revista.

Hoje, em outro território e em dimensões descomunais, convivemos com um exemplo mais que importante, referencial e emblemático: o de toda uma cidade que dependia da fama e das supostas realizações de um de seus moradores. Quase todas as famílias da cidade viviam e sobreviviam, economicamente, da enorme movimentação de pessoas. Era uma espécie de cidade céu, onde morava o milagreiro João de Deus.

E aí vieram as denúncias, os escândalos, João de Deus está preso, e a espécie de cidade céu é hoje o pior dos infernos para seus habitantes. Pior que aquelas velhas cidades do faroeste abandonadas e onde sistematicamente manifestam-se tempestades de areia aumentando em muito a aridez.

Nas fotografias das últimas semanas de Abadiânia, a cidade de um Fake God, a primeira lembrança que nos ocorre é essa. Isso mesmo, daquelas velhas cidades que apareciam nos filmes de cowboy. Pousadas, lojas e restaurantes em que, em muitos dias, não entra uma única pessoa. Nas ruas, um solitário cachorro...

O dono abre, senta-se e espera. Assim permanece por oito horas. Depois se levanta, fecha as portas e vai descansar de uma espera infinita. No dia seguinte, a mesma coisa. Nas ruas, vez por outra, o mesmo cachorro.

A imprensa foi conferir e muitos dos comerciantes preferiram não se manifestar. Os poucos que o fizeram disseram acreditar que tudo será esclarecido e que o movimento voltará.

Acreditam em mais um suposto milagre do Fake God. Sobre João de Deus, para não incorrerem num suposto crime de ingratidão, a maioria desses moradores diz acreditar que "quando João praticava abusos não era ele. Era o demônio que se apossava de seu corpo e da sua mente".

Voltando à razão e ao início deste comentário, quando, por qualquer motivo, um ponto comercial, institucional ou religioso, que existe para atender quantidades expressivas de pessoas, desmagnetiza, por quaisquer razões, é praticamente impossível o resgate. O melhor a fazer sempre é contabilizar o mais rápido possível o prejuízo e buscar novas alternativas.

Abadiânia desmagnetizou. Ou os comerciantes locais importam, inventam ou produzem um novo milagreiro, ou partem para um outro local onde se registre a manifestação de primeiros milagres. Em tempos de desesperança e crises, as pessoas sempre se revelam receptivas a essas manifestações.

Trump e o Mc

Entre os acontecimentos que marcaram 2018, Trump e os campeões.

Uma mesa de jantar cuidadosamente arrumada e exclusivamente de *fast-food*. Que Donald Trump ofereceu aos jogadores que venceram o College Football Playoff National Championship, os estudantes da Universidade de Clemson. Na verdade, o jantar deveria ter acontecido numa quinta-feira, mas, devido à falta de funcionários pela paralisação do governo – 24 dias completos –, o evento foi sendo adiado e não dava para esperar mais.

Trump brigava com o Congresso exigindo a aprovação de um orçamento que contemplava a construção de um absurdo muro na fronteira com o México. Os congressistas americanos recusavam-se a dar sinal verde para tamanha bobagem.

Assim, sem receber seus salários porque o orçamento não fora aprovado, os funcionários da Casa Branca pararam de trabalhar. E, diante do impasse, McDonald's para os campeões. E ainda fritas e pizzas. Empolgado, Trump anunciou: "Nós temos pizzas, temos 300 Big Macs e quilos e quilos de batatas fritas, nossas comidas favoritas... tenho certeza de que não vai sobrar nada!".

Como é do conhecimento de alguns de vocês, num dos espaços da matriz de Branding do MadiaMundoMarketing, ferramenta de construção, fortalecimento e sustentação de marcas, em formato de colmeia, existe um favo específico, aquele espaço hexagonal, reservado a um público da maior importância e que denominamos Angels.

Aqueles clientes que adoram nossas empresas, nossos produtos e serviços, nossa equipe de colaboradores, não param de falar de e sobre nossos predicados, méritos e virtudes. Um cuidado especialíssimo tem que ser garantido a esse público. Vale ouro. Além de cliente, é Angel, disseminador e apóstolo de nossos préstimos, competências e qualidades. Merecem um carinho especial. Precisamos abastecê-los com informação de qualidade, sempre.

Mas existem, também, os Devils. Pessoas que você jamais gostaria que se apaixonassem por sua empresa, mas que se sentem atraídos, e você terá que aprender a conviver com eles.

Exemplos? Sadam Hussein era apaixonado por Doritos e Cheetos e pelo Café Pelé. Mesmo depois de preso e condenado à morte, continuava falando sobre suas marcas do coração. Uma das mais famosas *playmates* de *Playboy*, que tinha um site de pornografia que batia recordes de audiência, exibindo e chacoalhando seus descomunais seios, não parava de falar de seu restaurante do coração, o Oliver Gardens, cujo posicionamento é... O lugar da família, onde a família se encontra, celebra e se alimenta.

E agora, um verdadeiro ogro, Donald Trump não se cansa de declarar à imprensa que só se alimenta com Big Mac, porque é apaixonado pelo sanduíche e tem medo de ser sabotado por algum alimento preparado na própria cozinha da Casa Branca. Era tudo o que o McDonald's não queria dentro de sua política suicida, ridícula, que é tentar reposicionar-se como empresa de alimentação saudável e de qualidade... Logo o Mc, o maior provedor de *Fast* e *Junk Food* do planeta.

O Mac enquanto negócio causou e é, disparado, o líder e referência mundial em *fast-food*. Assim, as declarações de Trump daquela noite seriam abençoadas, coroando toda uma trajetória. Trump seria um Angel.

Mas como o Mac vive a maior esquizofrenia de toda a sua história, uma parcela expressiva de seus dirigentes considera Trump como Devil, diabo, e perde a oportunidade de capitalizar sobre a paixão do ogro. Enquanto isso a concorrência deita e rola...

Tudo o que o Mc deveria fazer é aceitar os conselhos de Chico Buarque de Holanda: "Se você crê em Deus, encaminhe pros céus uma prece. E agradeça ao Senhor você tem o amor que merece...".

Mas o Mc continua insistindo em ser o que jamais foi e nunca será! Como canta Chico, em outra música de sua autoria.

Comer Pelado É um Saco!

E, por assim ser, foi anunciada a contagem regressiva, meses atrás, de uma brincadeira de gosto discutível, que causou tremendo frisson quando de seu lançamento, que formou filas nas primeiras semanas e morreu à míngua.

No mês de novembro de 2017, uma notícia tomou conta de todos os editoriais de culinária no mundo. Nascia em Paris, na França, o O'Naturel – o primeiro restaurante do mundo onde seus clientes só poderiam fazer suas refeições pelados. Isso mesmo, nus. Como assim, mostrando a bunda, balançando o pinto, chacoalhando os peitos? Perfeitamente!

Passados os primeiros meses, o negócio bombava... Mais nas redes sociais e na internet do que na realidade. Muito rapidamente os frequentadores descobriam que não era tão fácil como imaginavam comer peladão. Que a bunda doía, que quando a comida caía no colo demandava um banho de emergência, sem contar outros detalhes e acontecimentos menos dignos e constrangedores...

Para dar fim à bobagem, Mike e Stephane Saada deram um último jantar para os principais clientes. Antes da sobremesa, todos se vestiram e deram por encerrada a aventura. Devido a pedidos dos que gostariam de se despedir da maluquice, decidiram esticar a data de fechamento mais um mês. E, em fevereiro de 2019, fim.

Meses depois, ao comentarem a decisão, os dois disseram: "Vamos nos lembrar dos momentos bons, das pessoas incríveis e de tudo o que compartilharam conosco por muitos anos...". E teremos ótimas e divertidas histórias para contar... Como do dia que um homem desastrado derrubou o balde de gelo no colo de sua mulher. Ou da mulher que provocou queimadura de terceiro grau no pinto do seu vizinho de mesa ao lado e ao derrubar a sopa de lentilhas...

O ritual era o seguinte: as pessoas chegavam, tinham um armário com a chave para deixar as roupas e recebiam exclusivamente para vestir um par de chinelos. A temperatura do restaurante era rigorosamente controlada para que os clientes não sentissem frio.

Se algum de vocês, queridos amigos, alimentou planos de dar um pulinho a Paris nos próximos meses e pretendia experimentar o

O´Naturel, esqueça. Fechou no dia 28 de fevereiro de 2019. Uma refeição saía em média por R$ 200 por pessoa.

Assim, vá a Paris e aproveite para ótimos queijos e vinhos, sentado nas mesinhas de um dos legendários e históricos bares ou cafés. Como um Les Deux Magots, frequentado por Paul Verlaine, Gide, Simone de Beauvoir, Sartre, Picasso, Joyce, Brecht... Claro, com a vantagem de comer vestido.

Não conheço forma melhor de comer que não seja de roupas. De preferência confortáveis, que nos permitam concentrar todo o tempo nos prazeres de uma refeição memorável. Definitivamente, comer pelado, talvez tirando Jane e Tarzan, e nudistas em geral, continua sendo um saco.

Assim, muitas vezes, mesmo negócios de nicho, por menos público que precisem, além da proposta principal, têm que corresponder em todas as demais expectativas que pessoas vestidas ou peladas têm, por exemplo, de e sobre restaurantes.

Aparentemente, o forte do O´Naturel era exclusivamente a possibilidade de comer sem roupa. O restaurante, em termos de decoração, era básico e a comida, convencional. E aí vai-se uma vez, experimenta-se e não se retorna nunca mais.

No marketing, esse comportamento é classicamente conhecido como síndrome da experimentação. Recorrentemente presente e grande preocupação de todo novo produto por ocasião do lançamento.

A curva ascendente e promissora do início das vendas, logo após o lançamento, é, na maioria das vezes e exclusivamente, de pessoas experimentando. E assim, quando o último experimentar... fim.

E foi o que aconteceu com o O´Naturel.

Hoje o Tema É Miopia

Por diferentes motivos e razões, físicas e jurídicas, todas, com pouquíssimas exceções, perdendo a visão. Muito especialmente a visão do distante, do mundo depois da esquina. Nas empresas, em boa parte delas, seus comandantes não conseguem enxergar meio palmo adiante do nariz.

Empresas com visão estratégica zero. Contam exclusivamente com o hoje. Matam um leão por dia, vencem batalha após batalha. Perdem a guerra. Venceram todas as batalhas de guerras sem sentido. Venceram as batalhas erradas. Assim, estamos diante de... um mundo míope.

Doutor Rubens Belfort foi um dos mais renomados e respeitados oftalmologistas da cidade de São Paulo a partir nos anos 1950. Sua clínica, na esquina da avenida Angélica com a Higienópolis, era uma referência.

Em entrevista para a *Folha de S.Paulo*, dia desses, seu filho, Rubens Belfort Jr., também oftalmologista e membro da Academia Brasileira de Medicina, contou que seu pai, em 1950, pesquisador da Faculdade Paulista de Medicina, desenvolveu pesquisas e tese demonstrando que a miopia era uma raridade entre os indígenas.

Corta para 2017. OMS – Organização Mundial de Saúde: 27% da população é de míopes. 2050, salvo mudança de comportamento ou milagre: 52% da população será de míopes.

A miopia, assim – que já ataca de forma devastadora as empresas, que em sua quase totalidade não conseguem enxergar a meio palmo adiante do nariz, que perderam por completo a visão estratégica –, agora devasta os seres humanos em decorrência dos novos hábitos e novos costumes da tal da vida moderna.

Mais grave ainda: os graus de miopia são crescentes. Em 2010, a alta miopia – mais de cinco graus – afetava apenas 2,8% dos míopes. Em 2050, serão 10%, três vezes e meia mais.

Causas:

1. Pessoas lendo mais e mais cedo através de computadores, tablets e smartphones.

2. Evoluindo, ou involuindo, do maior para o menor, das telas grandes para as telas pequenas.

3. Lendo mais em ambiente com pouca luz – nos transportes.

4. Cidades verticais, onde se diminui o tal do "ar livre" – a miopia é menor nas cidades horizontais vizinhas a São Paulo, por exemplo, do que na capital.

O outro lado é que os negócios relativos à visão serão multiplicados algumas vezes. Mas ainda determinarão a quebra de barreiras ou restrições, como, por exemplo, a obrigatoriedade de ir a um consultório oftalmológico para aviar uma receita, como ainda acontece em nosso país, e não mais em quase todos os demais.

Onde óticas e oftalmologistas se somaram e funcionam num mesmo lugar.

Já a miopia das empresas, só mesmo com o apoio externo e de consultores de confiança. Tudo mais é balela. Os colaboradores internos – todos – alocam 100% do tempo às trincheiras e às componentes táticas de sua atuação.

Nos fins da tarde entram em barzinhos e pedem, além de uma dose de gin ou scotch, sempre a mesma música, na voz de Bette Midler e composta por J. Coots e Sam Lewis...

"For all we know this may only be a dream.
We come and we go like a ripple on a stream.
So love me tonight. tomorrow was made for some.
Tomorrow may never come, for all we know..."

Talvez não exista amanhã, pelo pouco que sabemos e pelo muito que desconhecemos.

A cada dia que passa aumenta a quantidade de empresas que tombam em combate, mesmo tendo vencido todas as batalhas. Não se deram conta de que, por miopia, guerreavam, repito, a guerra errada.

Google, O Segundo Fracasso

Ou vocês só veem as pingas que eu bebo, mas não veem os tombos que caio... Ou, ainda, o brocardo latino, A MAIORI, AD MINUS, tão usado no direito... QUEM PODE O MAIS PODE O MENOS...

Eu ainda prefiro o sábio e saudoso Joelmir Betting, que escreveu um livro com o título *Na Prática a Teoria é Outra*. Assim, e nem sempre, quem pode o mais pode o menos. Quem pode o maior pode o menor... Claro que não pode.

Competências, por maiores que sejam em termos de abrangência, como é o caso do Google, buscador predominante e incontestável, não necessariamente revelam-se fortes para outras iniciativas.

Durante anos, o Google reinou de forma absoluta e, na época, supostamente imbatível e inexpugnável, como dono da rede social predominante. Só dava o Google.

Rede social criada por um de seus diretores, de origem russa, e que teve seu nome imortalizado na rede: Orkut. Orkut Büyükkökten (buiukokten).

Como é do conhecimento de todos, hoje o Orkut é uma das milhares de almas perdidas que vagueiam pelo espaço digital. E que aqui no MMM denominamos de digisfera. Devidamente defenestrado por um concorrente que chegou muito depois, mas muito melhor.

E como temos repetido quase todos os dias, até porque é uma das mais importantes lições e aprendizados do marketing, por maior que seja a admiração, amizade, apreço, amor e reconhecimento que um cliente tenha por uma marca, empresa ou produto, diante de uma nova alternativa que se revele melhor e em todos os sentidos, TROCA NO ATO!

Ainda que com lágrimas nos olhos e suposta dor no coração, vira as costas, dá tchauzinho e mergulha de cabeça na nova paixão. Não se trata de ingratidão. É que, felizmente, nós, seres humanos, somos assim. Diante do incontestavelmente melhor, não titubeamos um único segundo. Mudamos na hora.

E assim, e muito rapidamente, os frequentadores e supostamente clientes fiéis do Orkut mudaram para o Facebook. Mas o Google não se conformou. Retirou-se de cena, respirou, planejou, caprichou e decolou, novamente, com uma rede social.

Cometeu até desatino de batizar essa rede social de Google+, sugerindo uma espécie de um Google Melhor, tão grande era a certeza que ia deitar e rolar. Simplesmente arrebentar. Tudo aconteceu com as devidas pompas e circunstâncias no ano de 2011.

Sete anos depois, mais que arrebentar, arrebentou-se. No dia 8 de outubro de 2018, após sucessivas falhas de segurança, além de adesão praticamente zero dos "feicers", que não viram nenhuma vantagem em migrar para o Google+, o Google assumiu seu segundo e monumental fracasso nesse território e matou sua segunda rede social.

Tentará uma terceira vez? De qualquer maneira, ao menos aprenda a lição. Ditados, brocardos, adágios, anexins, provérbios, axiomas, máximas, sabedoria popular em geral, são ótimos para você comentar tudo o que já aconteceu e fazer cara de sábio. Jamais para prognosticar o que pode acontecer.

Assim, o Ministério da Saúde adverte, só use: "Promessa é dívida", "O ataque é a melhor defesa", "As paredes têm ouvidos", "Cão que ladra não morde", "Mentira tem perna curta", "Quando a esmola é muita, o santo desconfia", "Gosto não se discute", "Pau que bate em Chico bate em Francisco", e milhares de outros mais, só fale ou use depois do fato consumado. E aí, assim, pode fazer cara e olhar de inteligente.

Jamais use um ditado como prognóstico. Invariavelmente e porque "quem com os cães se deita com pulgas se levanta", ou "quem fala demais dá bom dia a cavalo", ou "o amor é grátis, o sexo é pago", e, por falar nisso, não existe almoço grátis.

Assim, quem pode o mais podia o menos. Quem pode o maior podia o menor. E agora, em tempos de disrupção, não mais e necessariamente. Ou o NÃO PODE MORREU!

4

Branding

Do Corolla ao Prius, a Toyota revela um compromisso inabalável com seu propósito e com a missão a que se propôs, diferentemente de uma Gucci que completou um reposicionamento radical, arriscado, e saiu-se espetacularmente vencedora.

Muitas empresas esquecem-se do que prometeram e juraram, do que as levou ao sucesso e à preferência de seus clientes, e depois se incomodam quando cobradas, como a Mãe Terra. E desocupados de toda ordem decidiram dar lições de sintaxe à forma como as pessoas se comportam e se manifestam nas redes sociais.

De repente, numa viagem de avião, as circunstâncias colocaram lado a lado uma artista e um *fashion designer*. E nunca mais as bolsas femininas foram as mesmas.

Todo cuidado é pouco ao se escolher uma designação, um "naming". A história do doleiro Juca Bala, que tudo o que queria ser era Balas Juquinha, é referencial. E a fantástica história de uma empresa que construiu uma marca de sucesso a partir de um calendário.

Em vez de ouvirem Chico Buarque em *Sob Medida* e "erguerem as mãos para os céus e agradecerem", embarcam em aventuras temerárias mutilando-se...

Toyota e Takeshi

Takeshi Uchiyamada, 73 anos, hoje preside o Conselho da Toyota. Chegou lá por merecimento. Mas, antes de falar de Takeshi, volto ao lançamento do Corolla, no ano de 1966, no Japão.

Dois anos depois, em 1968, decidem lançar o carro nos Estados Unidos. Cota inicial: 15 mil carros. O funcionário designado para a missão vendeu os 15 mil carros em poucas semanas. Quinhentos carros em 30 revendas e cumpriu sua missão. E o Corolla começou a rodar nas ruas dos Estados Unidos.

Em poucos quarteirões o carro desmontava. Não fora feito para aquele tipo de piso. O funcionário designado para a missão, envergonhado, entrou em contato com a fábrica e perguntou se deveria retornar ou cometer haraquiri: "Não, permaneça. Vamos pedir desculpas e resolver todos os problemas. Acabamos de conquistar o melhor laboratório de pesquisas e análise que jamais imaginamos construir... verdadeiro, real".

Durante décadas o Corolla foi um dos carros mais vendidos dos Estados Unidos e do mundo. Muito da excepcional imagem de qualidade que a Toyota tem deve-se ao desempenho e ao aprendizado daquela primeira incursão num mercado novo e desconhecido.

Agora, Takeshi Uchiyamada... Um dia recebeu um desafio. Era o engenheiro-chefe da empresa. O *briefing* era o seguinte: um carro que se traduzisse na melhor e mais consistente resposta para as questões ambientais.

Em poucos anos nascia o Prius. Desde os primeiros anos, a referência, o emblema. Lembro-me que estávamos – minha mulher e eu – viajando a turismo em Paris, quando cruzamos com um Prius nas ruas. Era de parar para ver. O protótipo que tínhamos conhecido no Salão de Automóveis de Nova York alguns anos antes ganhara vida.

Os primeiros Prius saíram da fábrica para as ruas de Tóquio no ano de 1997. Em 2001, começou sua escalada mundial. Em 2004, uma segunda geração; em 2009, a terceira; e a quarta em dezembro de 2015, no Japão, e no início de 2016, na Europa e nos Estados Unidos.

Desde sua criação a Toyota já vendeu mais de dez milhões de Prius. Objetivamente, Takeshi respondeu à altura e com qualidade o desafio e, como reconhecimento, hoje é o mentor da empresa.

Em 2018, veio ao Brasil. Foi recebido por Temer e entrevistado por diferentes plataformas. Em todas fez questão de ressaltar o maior desafio que nosso país enfrenta, o custo Brasil, pela dimensão do Estado brasileiro, pela dimensão territorial do país e um sistema de logística precário, por um sistema tributário simplesmente incompreensível e caótico e por uma legislação trabalhista absurda...

Absolutamente certo. Ou resolvemos essas questões ou permaneceremos estáticos e ficando na lanterna dos demais países e da história.

Como não poderia deixar de ser, quase todos os jornalistas questionaram Takeshi sobre o futuro do automóvel. E para todos respondeu o mesmo: "A Toyota sempre teve presente o compromisso pela sobrevivência. Nada nos garante que não teremos o mesmo fim de uma Kodak. Mas as perspectivas são boas. Nascemos em 1937, como uma montadora de tear. No momento em que a sociedade começou a demandar por maior mobilidade, migramos para o negócio de automóveis. Agora, ou adequamos nossos automóveis aos novos tempos, ou mudamos de ramo. Não existe outra alternativa".

Essa é a Toyota, assim são os japoneses. A verdade antes, durante, depois e acima de tudo. Se erram – e erram –, reconhecem o erro e convertem em valioso aprendizado. Como fez a Toyota em 1968, quando seus primeiros Corollas literalmente desmanchavam nas ruas da Flórida...

A Revolução da Gucci

Guccio Gucci era um artesão de origem. Começa trabalhando como ascensorista no legendário Hotel Savoy de Londres.

Com a família abre em Florença, no ano de 1921, uma pequena fábrica de peças de couro. Malas ostentando os brasões das famílias da nobreza da época. É descoberto pela burguesia de Veneza, Itália, e de países vizinhos.

Nos anos 1930, cresce e prospera. Clientes do mundo todo atrás de suas bolsas, luvas, sapatos, cintos. A primeira loja é aberta na cidade de Roma no ano de 1938. Quarenta anos depois espalha-se pelas principais cidades do mundo – 14 lojas, 46 franquias, mais moda, mais perfumes.

Fim dos anos 1980, briga entre os herdeiros, 50% do capital é vendido para Investicorp, capital árabe. Domenico Del Sole assume o comando e contrata o estilista e diretor de cinema Tom Ford para uma arrumação geral. Deixam a publicidade da marca Audrey Hepburn e Grace Kelly e entram Madonna e Tina Turner.

Em fevereiro de 2008, inaugura a maior loja da grife em New York City, com 14 mil metros quadrados. E sua primeira loja no Brasil, no Shopping Iguatemi, com 470 metros quadrados, no mês de novembro.

Salta para novembro de 2017. Gucci passa por uma nova revolução e apresenta os primeiros resultados para seus clientes e para a imprensa brasileira.

Objetivamente, enquanto o setor da moda e do luxo registrava um crescimento de 2%, a Gucci crescia 20 vezes mais: 46%.

Marco Bizzarri, 53 anos, presidente da Gucci, em entrevista para Pedro Diniz, da *Folha de S.Paulo*, escancara: "Somos a grife que mais cresce no mundo. Ultrapassamos Saint Laurent como a de maior faturamento no grupo Kering (dono da Gucci, Saint Laurent, Puma e Bittega Venetta). Vendemos entre janeiro e setembro mais do que em todo o ano passado, quando totalizamos 4 bilhões...".

E detalha a receita do sucesso:

1. Sem gênero – "Não temos mais a separação entre masculino e feminino. O estilo segue o mesmo padrão com pequenas diferenças".

2. Pichação de luxo – "Convertemos os barulhentos em aliados. Fizemos uma parceria com o grafiteiro Trouble Andrew, que nos detonava e agora assina uma coleção conosco".

3. Pop Millennial – "Somamos com Beyoncé e nos fizemos presentes e parceiros na música *Formation*. A aproximação da marca com o público jovem, que considerava a grife velha e superada, foi imediata. Hoje compram e usam".

4. "Campanhas nonsenses – "Nossa publicidade não se concentra mais nos produtos, e sim em histórias mirabolantes, tipo cenas de invasão de extraterrestres e criaturas verdes...".

5. Revolução on-line – "Nos associamos ao *market place* Farftech e hoje vendemos e entregamos nossas roupas em até 90 minutos" (caso de São Paulo).

E toda essa receita devidamente aditivada com mensagens de otimismo e infinito amor, segundo o presidente da Gucci, Marco Bizzarri, que arremata dizendo: "O noticiário está abarrotado de notícias ruins. Nada de subestimar o que acontece no mundo, mas as pessoas esperam atitudes mais otimistas, sempre. E é o que temos feito".

É isso, amigos: num mundo de crises, derrocadas, falências, fim, um exemplo de sucesso é sempre revigorante e inspirador.

A Bancarização da Mãe Terra

No suplemento *Eu & Fim de Semana* do jornal *Valor* Econômico do fim de 2017, a matéria principal é sobre um almoço com o empresário Alexandre Borges, que no segundo semestre do ano retrasado vendeu sua empresa Mãe Terra para a Unilever.

No começo do papo com a jornalista Vanessa Adachi, Alexandre vai reconstituindo sua narrativa. Fez administração na FGV, onde, confessa, sentiu-se desconfortável. "Me senti inquieto de estar aprendendo ferramentas para replicar o sistema. Achava que precisava dar um sentido para aquele curso de administração."

Mais adiante revela sua motivação: "É um privilégio poder fazer a transformação, não numa montanha, num mosteiro, numa praia, numa barraca de coco, mas dentro do sistema... Idealistas não têm o ferramental. Os que dominam as ferramentas não têm o ideal... É possível ter lucro fazendo algum bem pela sociedade, e não apenas filantropia".

Bingo! Naquele momento revela ter decodificado e entendido os novos tempos. Ameaçava constituir-se numa consistente liderança empresarial do que se convencionou denominar hoje de Os Novos Normais.

E assim nasceu a Mãe Terra. E muitas pessoas, mais que acreditar, aderiram de cabeça e alma o posicionamento de Alexandre e de sua empresa. E como essa denominação, então, adesão quase que irresistível e imediata.

Meses atrás, Alexandre recebeu uma boa proposta da Unilever e não resistiu. Vendeu.

Todos acreditavam que Alexandre fosse mandar a Unilever lamber sabão ou caçar sapo. Mas, como diz o ditado reescrito, o bolso tem razões que o próprio coração desconhece.

Durante o almoço-entrevista com Vanessa surge o assunto. E Alexandre revela-se assustado.

Parte dos consumidores dos produtos Mãe Terra reagiu muito mal à venda para uma grande indústria e se manifestou via redes sociais, questionando a perda do compromisso com alimentação saudável e sustentabilidade ambiental.

Diz Alexandre: "Eu não esperava. Sabia que era uma marca querida, mas veio com violência, com uma força, fiquei mal, triste, me senti atingido". E mimimimimimimi...

O que é que o Alexandre queria e esperava? Que as pessoas o cumprimentassem pela traição? Pior ainda, criticou publicamente os que acreditaram nele e converteram-se em seguidores de sua causa. Ofendeu seus "Angels".

Para os que ainda não estão habituados com esse fantástico *stakeholder*, "Angels" são aqueles clientes apaixonados que não param de disseminar a empresa e sua causa. Também conhecidos como "preachers", ou, se preferirem, em português, "evangelizadores".

Reclamou Alexandre: "As pessoas na internet são muito reducionistas, te categorizam, jogam pedras sem entender o todo, as razões...".

Lamentável!

Assim como a XP, que mandava ou estimulava os clientes do Itaú, Bradesco e Santander desbancarizarem e acabou se vendendo para o Itaú, a Mãe Terra mandava ou estimulava seus seguidores a fugir de empresas como a Nestlé, Unilever, Procter e Danone. E acabou deixando-se vender para uma delas, a Unilever.

Apenas isso. Fez o que recomendava a seus seguidores que jamais fizessem. Tudo o mais é choro de novo rico e mau ganhador. Pessoas que têm um discurso e, supostamente, uma causa, rapidamente descartada diante de uma primeira, boa e lamentável oferta.

Na verdade, Alexandre não tinha uma causa. Apenas dizia ter...

Fuja dos Sintaxischatos Digitais

Agora, os chatos dos "pés no saco sintaxistas digitais" decidiram bisbilhotar e palpitar em nossas vidas. Absoluta falta do que fazer e vontade de transferir suas inseguranças para as demais pessoas.

Paul Valéry (1871 a 1945,) foi sintético, direto e definitivo. Um dia urrou com toda a força de seus pulmões: "NÃO ME ENCHAM O SACO, NÃO ME POLICIEM. ODEIO TUTELAS. A SINTAXE É UMA FACULDADE DA ALMA".

E é o que sempre deve prevalecer. Faça e escreva do jeito que você acredita traduzir da melhor maneira possível quem você é e o que verdadeiramente está querendo dizer.

Repito, sempre do seu jeito, você é você e não se discute mais isso. Claro, apenas esmere-se e seja irretocável na gramática. A menos que queira se converter num espantalho ou simulacro tolo, fraco e submisso, dando importância a desocupados. O meu jeito de ser é escrever do jeito que minha cabeça, mãos e dedos direcionam. E traduzindo aquele meu momento; como me sinto e vivo.

Isso posto e até hoje, volta e meia vem alguém e fala: "Madia, você não deveria usar tantas maiúsculas. Isso significa, no ambiente digital, que você está gritando". E eu respondo,

1. Não significa porra nenhuma. Algum gozador ou desocupado inventou essa bobagem e os ingênuos de todo o gênero a repetem à exaustão.

2. Tô gritando mesmo, dependendo do assunto. Quero gritar parabéns em maiúsculas e mais maiúsculas para todos os meus queridos amigos. Quero sentar a lenha em megamaiúsculas toda vez que me refiro aos políticos lamentáveis e corruptos.

Quero expulsar aos berros, como Cristo fez com os vendilhões do templo, os canalhas que arrasaram nosso país por corrupção, ignorância, burrice. Os tóxicos e corrosivos sem noção, tipo a senhora Dilma e seu amarra-cachorro Guido. E por aí segue. Vou continuar escrevendo como me der na telha e respeito o que nos ensinou o grande poeta e escritor Paul Valéry.

Agora, para nos atormentar mais ainda, vem uma suposta pesquisa realizada por desocupados das Universidades de Amsterdã e de Israel, nos advertindo sobre os perigos de usarmos emoticons em nossas manifestações no digital. Segundo o lixo dos dois estudos, no ambiente corporativo sugerem que o autor é menos competente.

Eu quero que os pesquisadores de Amsterdã e Israel vão solenemente à merda. Se me der vontade de usar rosinhas, carinhas, sinais, letras, exclamações, raios, bundas de fora e melecas gigantes, muito especialmente raios e estrume na cabeça deles, vou usar. Assim como Paul Valéry, repito, não me encham o saco.

Não me venham dizer como devo ser e muito menos me comportar. E depois vem com toda uma justificativa rançosa, burocrática, enfadonha, que só não provocam sonolência irresistível e insuportável porque irritam profundamente. Assim, antes que eu me esqueça, doutos pesquisadores...

É isso, amigos, continuem sendo como são. Coloquem pra fora do jeito que vocês quiserem. Desabafem, protestem, manifestem-se. Autenticidade é isso. Posso até discordar do que você vai dizer, mas jamais, em momento algum, terei a menor dúvida de que é você mesmo que está se manifestando. Sendo o que disse que era. Fazendo o que disse que ia fazer. Do seu estilo e jeito. Esse é você. E os incomodados que se retirem, pra dizer o mínimo.

Birkin e os Crocodilos

Jose Ortega y Gasset, filósofo e jornalista espanhol, disse: "Eu sou eu mais as minhas circunstâncias...".

Ou, na versão 2019 da frase, se o cavalo passar selado, e se você não estiver de cabeça baixa olhando o celular, salte e aproveite o cavalo oportunidade. Pouco provável que o cavalo passe novamente. Que a oportunidade se repita.

Jane Birkin nasceu em 1946. Filha da atriz inglesa Judy Campbell e do tenente-comandante e espião da Marinha Real David Birkin, muito rapidamente engatou carreira no cinema, carreira que decolou a partir do filme, de 1969, *Slogan*.

No filme, ao lado de Serge Gainsbourg, canta a canção-tema, *Je t´aime... Moi non plus*, em que passava boa parte do tempo gemendo e convertendo a música numa espécie de trilha sonora de um comportamento mais livre e carregado de sensualidade que prevaleceria no mundo daquele momento em diante. Mais conhecido, no popular, como transar. Casaram-se e permaneceram juntos por 13 anos.

E tudo terminaria aí. Hoje seria uma simpática e bonita senhora, não fosse no ano de 1981, num voo Paris-Londres, tentar colocar sua marca registrada como artista e mulher até então – uma bolsa no formato cesta de palha – no compartimento de bagagem de mão... Sem muito sucesso e com a ajuda de seu companheiro circunstancial de viagem. O passageiro ao lado.

Circunstancialmente, a seu lado, Jean-Louis Dumas, executivo da Hermès, que ouviu suas histórias e reclamações, divertiu-se e transformou tudo isso num *briefing* para uma nova bolsa.

Três anos depois a bolsa estava pronta. Jane Birkin aprovou e concordou em apor seu sobrenome para batizar a bolsa. Hoje, seguramente, a bolsa objeto de desejo de dez em dez mulheres. Cada bolsa leva 48 horas para ser produzida. Já foram produzidas 200 mil Birkins. Em muitos países, as bolsas são alugadas por até uma semana. Até hoje a Birkin mais cara foi vendida, no mês de maio de 2017, num leilão da Christies, pela bagatela de US$ 380 mil.

Jane Birkin só tem cinco exemplares da bolsa que leva seu nome. Durante um bom tempo, investir numa bolsa Birkin revelou-se melhor do que investir na maioria das ações. Victoria Beckham possui 100 modelos diferentes da Birkin. O preço de entrada para quem quer ter uma Birkin é de US$ 8,5 mil. Uma Birkin pode carregar até três quilos de bugigangas e tralhas. Cada modelo de Birkin tem uma denominação específica, dependo do tamanho, cor e textura.

No ano de 2015, os ativistas acusaram a Hermès de maltratar os animais que cediam suas peles para as bolsas Birkin. Jane pediu para a Hermès tirar seu nome das bolsas. Acabaram conversando, chegaram a um acordo, a Hermès prometeu redimir-se, adotar um código radical de conduta e mudar sua forma de tratar os animais.

Jane Birkin concordou. Conclusão: segue a mística. Permanece a história fantástica e legendária. E os crocodilos, fornecedores das peles mais usadas nas bolsas, agradecem pelo melhor e mais humanizado tratamento que agora recebem.

Nada acontece por acaso. Mas tudo decorre de um acaso. Sempre. Não conheço uma única história de sucesso que o acaso e as circunstâncias não tivessem dado uma mãozinha. Às vezes, um pequeno sopro; muitas vezes, um baita empurrão.

O acaso não é tudo. Mas, pensando bem, é quase tudo. O pouco que falta depende de sua atenção, discernimento, sensibilidade, competência e ação. Sem essas virtudes, pode chover infinitos acasos em sua vida e nada acontecerá. Muitos ainda preferem tratar o acaso com outra denominação: sorte. A escolha é sua, mas, acaso ou sorte, quando sentir o momento, mergulhe de cabeça.

Juca Bala, ou a Importância do *Naming*

Todo cuidado é pouco na escolha do nome, da denominação com que se batizará uma empresa, produto, serviço. Seus filhos e netos também.

Milhões de moços e moças e meninos e meninas de hoje não perdoam seus pais por escolherem seus nomes nas personagens das novelas da Globo da época, anos 1989, 1990 e 2000. Nomes datados. De personagens nada a ver com o que essas pessoas são.

No ponto de táxi em frente ao MadiaMundoMarketing, o mais indesejado dos motoristas, e de quem todos fugiam, chamava-se Orofoncio. Seu irmão gêmeo, Ulisses – uma pessoa educada, cordial e médico consagrado em sua cidade. Já o Orofoncio, que todos chamavam de PC, acabou arrumando encrenca, perdeu a licença, furtou o telefone do ponto, desapareceu.

Nos últimos anos, temos testemunhado barbaridades cometidas com o *naming* de instituições seculares e consagradas, sendo rebatizadas medíocre e vulgarmente por siglas e números. E assim, de forma tosca e patética, Bovespa virou B3, designação de vitamina ou remédio; e a monumental Beneficência Portuguesa, virou BP (por sinal, denominação que a British Petroleum adota há décadas). Por que não e apenas, como todos chamavam, chamam e continuarão chamando, Bovespa, Beneficência.

Até mesmo a campeã do marketing, Procter & Gamble, adotou a gambiarra. E se rebatizou de P&G. Bobagem estratosférica. Se queriam simplificar – não precisava –, por que não e apenas Procter? *Naming* curto, rápido, forte e gostoso de falar. Mas optaram pela bobagem P&G.

Numa recente edição da *Folha de S.Paulo*, uma história hilária e megaemblemática sobre a importância do *naming*. Mônica Bergamo conseguiu entrevistar aquele que é conhecido como o Doleiro dos Doleiros, o Juca Bala.

Enquanto eu continuo a história, tente imaginar por que é conhecido como Juca Bala. Seu nome de batismo é Vinícius Claret. Em seu ofício de doleiro, criou mais de três mil *offshores* em 52 países. Um craque da contravenção. Foi preso em 2017 no Uruguai, em decorrência da delação de um de seus sócios, Alberto Youssef, e pela Operação Lava Jato. Mônica conseguiu entrevistá-lo no escritório de seu advogado.

Voltando ao *naming*. Num determinado momento da conversa, Mônica pergunta do porquê de Vinícius Claret ter virado Juca Bala. Segundo as palavras dele: "Um dia, em minha casa no Uruguai, um técnico foi instalar o MSN – programa para troca de mensagens. E aí me pediu que escolhesse um nome. Na hora, na falta de inspiração, olhei na mesa onde existia um pote com as Balas Juquinha. Bingo, pensei, e escolhi Bala Juquinha! Mas o e-mail Bala Juquinha não se encontrava disponível".

"Estão", disse, "vamos inverter e tirar do diminutivo: Juca Bala... E assim Vinícius Claret virou Juca Bala."

Segundo ele, "essa foi minha sorte. Durante dez meses fiquei preso no Carcere Centrale no Uruguai, rodeado de presos sanguinários e violentos. Nenhum dos presos se aproximou e todos me tratavam com o maior respeito. Tinham certeza que meu *naming* traduzia minha especialidade e competência: Juca Bala. Terrível e cruel pistoleiro... matador profissional...".

Isso posto, ao escolherem uma denominação, lembrem-se, todo o cuidado é pouco... Imaginem o que teria acontecido com ele se tivesse conseguido o registro Bala Juquinha...

Já o que fizeram com a Procter, Beneficência e Bovespa foi sacanagem da grossa.

A História de um Calendário

O ano era 1964. Tudo o que a Pirelli queria era também ter seu calendário. Nos mesmos moldes das empresas britânicas. E, assim, o primeiro foi criado e produzido na Inglaterra, pelo diretor de arte Derek Forsyth e pelo fotógrafo Robert Freeman.

O cenário desse primeiro calendário: a Praia de Mallorca, com mulheres desfilando de biquínis. E seus exemplares apenas oferecidos aos melhores clientes da empresa.

Tudo seguiria naturalmente não fosse a temperatura ir subindo no mundo, nas metrópoles, nas noites. E, no ano de 1972, algumas modelos aparecem no calendário de seios à mostra. Isso provocou fortes discussões e a empresa, para não alimentar a polêmica, decidiu cancelar o projeto.

Assim, depois dos primeiros peitos ao vento, o calendário ficou fora do ar de 1975 a 1983.

Retorna em 1984, valorizando mais os pneus da Pirelli. Em 1987, um primeiro calendário exclusivamente com modelos negras, e onde pontifica Naomi Campbell, na época com 16 anos.

No ano seguinte, diante do burburinho das mulheres negras, novidade: um calendário exclusivamente de homens famosos. Entre outros, B.B. King, Bono Vox, Robert Mitchum. A partir de 1994, o calendário muda-se da Inglaterra para Milão. E durante quase duas décadas prevalecem mulheres em fotos sensuais e eróticas. E aí as modelos famosas vão se revezando. Miranda Kerr, Ana Beatriz Barros, Lily Cole.

No meio do caminho, um pequeno problema. No ano de 1986, toda uma edição clicada por um dos grandes mestres da fotografia, Helmut Newton, foi censurada. Por sinal, o meu calendário preferido. Simplesmente apoteótico. Mulheres descomunais, exuberantes, de uma sensualidade magnificada... Mas publicado integralmente e no original anos depois, em 2013.

Em 2016, pontificam mulheres inspiradoras clicadas pelo talento e competência da saudosa e emblemática fotógrafa Annie Leibovitz. E, no final de 2018, como de hábito, começou a circular o do ano seguinte. Tema: aparições e desejos de quatro mulheres.

Uma pintora, Laetitia Casta; uma socialite, Gigi Hadid; uma bailarina encantada, Misty Copeland; e uma fotógrafa, Julia Garner. E o tema de fundo e linha condutora das fotos: o movimento Me Too.

E apenas, ou tudo, o que a Pirelli queria, em 1968, era não ficar atrás de seus concorrentes britânicos. E acabou produzindo uma das mais legendárias peças dentro do território e da história do *branding*. Tudo – ou quase – pode constituir-se num emissor de sinais e códigos de comunicação de você, seus produtos, empresas. Dependendo, claro, da qualidade do planejamento e da execução.

A Pirelli converteu o que poderia ser mais um calendário num estandarte magnífico, num andor beatificado e de impacto mundial, nervosamente aguardado, absurdamente comentado e impactando a cada mês de novembro diante da expectativa pela revelação do calendário Pirelli de cada ano.

Resgatando o calendário das paredes sujas de graxa das oficinas e borracharias do mundo, para o topo dos comentários e admiração da opinião pública mundial, incluindo exposições e paredes dos mais importantes museus de todo o mundo. Mais um caso espetacular de serendipismo. Quando isso acontece, a epifania é inevitável.

Desde seu primeiro exemplar o calendário da Pirelli vibra, impacta, reverbera, repercute e agrega inestimável e poderoso valor a marca.

Uma Nova Você

As pessoas que ainda não conhecem você conhecerão, quando isso acontecer, depois da plástica; já sendo, e como, uma Nova Você. Até aí, tudo bem.

Mas, na verdade mesmo, e em termos de *branding*, vale a pena submeter-se a procedimentos estéticos corretivos, que supostamente melhorarão a sua aparência? Melhorarão mesmo? De verdade?

Muito especialmente para todos aqueles que conhecem você há anos, acostumaram-se com o seu *look*, e acham você linda – ou lindo –, pelo seu design completo e por inteiro – forma, conteúdo, movimentos, expressões, sentimentos, sorriso, risadas, chegadas, despedidas.

Para quem ainda não conhece você, você nem melhora nem piora. Trata-se apenas do primeiro registro. Já para os que conhecem você – posso garantir, para todos eles – menos nas situações de necessidade imperiosa por motivos de saúde ou grave defeito físico – que as plásticas em geral causam, na mais otimista das situações, estranhezas e constrangimentos, e na quase totalidade delas, uma impressão ruim; péssima!

E quando os procedimentos são desastrados, então, o que infelizmente não é raro, a impressão é trágica. Assim, e sob todos os aspectos, os riscos envolvidos nas plásticas são desproporcionais.

Todos os dias, cruzamos, através de fotografias ou vídeos, com pessoas que conhecemos e que acabaram de submeter-se a correções plásticas ou supostos processos de rejuvenescimento. Imagino que muitos de vocês conheçam pessoas que se arrependeram amargamente da tentação das plásticas.

Quando isso acontece e nos primeiros reencontros, no mínimo 80% das impressões causadas são as piores possíveis, seguidos de comentários devastadores, claro, depois que a pessoa que se submeteu à plástica vai embora. Ainda que muitos por educação tenham dito: "Nossa, como você ficou bem... rejuvenesceu 30 anos...".

Lembro-me de uma ótima cantora, sambista das boas, já falecida, que se submeteu a uma plástica e o resultado foi tão desastroso que incorporou uma máscara ao seu rosto. Nunca mais saiu sem a máscara. Imagino que nem mesmo deixou-se enterrar sem a máscara.

Recentemente, na imprensa, o relato da aplicação de botox que uma celebridade jornalista global aplicou à sua bochecha. Bochecha agora saltada e reluzente. Quase um farol! Assim como a plástica realizada pela irmã de um craque da seleção, famoso por cair recorrentemente...

E aí vamos nos lembrando da galeria de centenas de celebridades e personalidades públicas que temos infinita dificuldade de reconhecer como autênticas, dentro da nova identidade visual que passaram a ter e ser... E provocando uma inevitável e constrangedora dissonância cognitiva quando naturalmente confrontamos com o registro original que temos dessas pessoas dentro de nós, e construído durante anos ou décadas em decorrência de dezenas de momentos e pontos de contato.

Em síntese, amigos, em termos de *branding*, de se permanecerem para sempre como marcas de extraordinária qualidade, só recorram à plástica em situação de real e comprovada necessidade. Por uma questão de saúde, por exemplo, ou resgate estético essencial.

Mas, se mesmo assim você decidir pela plástica exclusivamente por uma questão de suposta e improvável beleza, prepare-se para viver todos os anos de vida que lhe restam correndo...

Correndo de quem verdadeiramente você é. Ou melhor, foi.

5

Desafios, Ameaças, Oportunidades

De repente caiu a ficha. Os incomodados acordaram, as prefeituras se mexeram e o Airbnb, na possível pressão, parece ter feito uma descoberta: os hotéis. Embraer não tinha outra alternativa: ou vendia, ou vendia. O mercado ficou restrito a duas concorrentes.

E as maquininhas invadiram o Brasil de forma mais radical do que um dia fizeram as saúvas. E, em paralelo, as instituições financeiras vão caindo na real e descobrindo que agora, e por muito tempo, todo dia é quarta-feira... de cinzas.

Games, a nova droga? Sim e não. Depende de como nos comportaremos. Metodologia espetacular de ensino e aprendizado, ou o culto à preguiça e à dependência.

Tentando descobrir para que serve um restaurante, e responder à pergunta de sua mulher, Rodrigo Oliveira fechou o campeão Mocotó e abriu o novo campeão Balaio.

Se a Macy´s da Herald Square fechar, Nova York vai ter que trocar de nome. E o Santa Luzia jamais considera a hipótese de ter filiais, ou franquias.

O Dia em que o Airbnb Quase Descobriu o Hotel...

O que está acontecendo com o Airbnb não é incomum.

Empresas que fazem uma longa caminhada para chegar, finalmente, um dia, no mesmo lugar de onde partiram. Não deveria ser assim; não precisaria ser assim, mas é! Como nos ensinou Giuseppe Tomasi di Lampedusa, "é preciso que tudo mude para que tudo se mantenha".

Agora é o disruptivo Airbnb que se encontra muito próximo de realizar sua maior descoberta! Adivinhem o quê? Não, errou! O Airbnb está muito próximo, a poucos metros e segundos de descobrir... o hotel!

Não é comum, mas às vezes acontece. Parte-se de um determinado ponto e caminha-se em reta e numa determinada direção. Mas, aos poucos, sem que se dê conta, está mesmo é se caminhando em círculo e, quando menos se espera, num determinado dia, descobre-se, chegando no mesmíssimo lugar de onde se partiu. Até parece pegadinha... Pegadinha que a vida nos prega, armadilha decorrente de ambição cega e desmedida.

É o que parece, tudo leva a crer, que está acontecendo com o Airbnb.

Lembra aquele aplicativo genial que aproximava quem tinha espaço disponível e precisava de uma graninha, com quem queria se hospedar de forma mais cordial e acolhedora por um preço mais acessível?

Mesmo considerando-se ter nascido de forma absolutamente circunstancial – como quase tudo –, o Airbnb revolucionou e mudou o negócio de hospedagem. Multiplicou algumas vezes a quantidade de espaços disponíveis para locação em milhares de cidades de todo o mundo mediante alguns toques no smartphone.

Em síntese, um aplicativo genial e disruptivo. Uma empresa bilionária. Linda, leve e solta. Apenas no Brasil, por exemplo, no ano passado, foi utilizado por mais de um milhão de usuários. Sem possuir um único quarto. Muitas vezes mais que os principais hotéis das grandes redes.

"Porém, ai, porém", como diz a música de Paulinho da Viola, vêm as tentações. E, num determinado momento, por condições de clima, temperatura, prepotência e burrice, acaba-se mergulhando na armadilha disfarçada de oportunidade.

Assim, foi com total perplexidade que analistas depararam-se, recentemente, com a informação de que o Airbnb vai construir prédios com sua marca nos Estados Unidos.

O motivo? Livrar-se das reclamações de donos de edifícios e demais proprietários de imóveis que se incomodam com o fato de seus vizinhos estarem alugando seus apartamentos para estranhos. Assim, desde a concepção, quem comprasse uma unidade saberia que aquele prédio específico nasceu para, e também, usar o aplicativo.

Explicando a iniciativa, que começa por Miami e por um prédio de 324 apartamentos, o diretor de parcerias do Airbnb disse: "Essa parceria mostra como proprietários, incorporadoras e Airbnb podem trabalhar juntos".

Não!!! Proprietários e Airbnb, sim e sempre. Incorporadoras, jamais! É outro *business*!

Isso posto, e por consequência, quase 200 anos depois do aparecimento dos primeiros hotéis, tal como conhecemos hoje – na época, "Grand Hotel" –, o Airbnb descobriu-se, tentando caminhar para frente; mas, na verdade mesmo, caminhando em círculo. Pior ainda, caminhando para trás! E acaba de inventar, adivinhe o quê?... O hotel!

Estamos na iminência do primeiro disrupsuicídio da digisfera.

Até onde chega o delírio decorrente de ambição infinita e cegueira exuberante.

Embraboeing, ou Boeingembra?

Meses atrás, foi anunciada a soma Embraer e Boeing. Pessoas antigas e conservadoras continuam acreditando e apostando em casamentos convencionais.

Casais jovens se juntam, combinam regras, e antes de uma sociedade formal querem ver se necessário é 2 virar 1 ou 2 continuar sendo 2 para dar origem ao 3. Um terceiro negócio. Amando-se e multiplicando os resultados, sem necessariamente caírem na tolice de tentar somar incompatibilidades, diferenças e culturas. Sem confrontarem egos de diretorias abarrotadas de pavões e cisnes. Quase sempre morando em casas separadas, ou, se juntos, cada um em seu quarto.

No Sharing World, da *sharing economy*, empresas não compram empresas. Somam-se em direção a objetivos comuns, complementando competências, compensando deficiências, superando dificuldades. Fazem *sharing business*. Criam *sharing companies.*

Meses atrás, Boeing e Embraer e Embraer e Boeing anunciaram o casamento. Quem faz o maior faz o menor? Até faz, mas não é eficaz e muito menos produtivo. A cultura interna nas empresas dos *wide bodies* é uma e na dos *narrow bodies*, outra.

Assim, não foi por acaso que Airbus e Bombardier somaram suas operações, da mesma forma que Boeing e Embraer. E por que essa pressa toda? Pela simples razão de que Boeing e Airbus – wide bodies – não conseguiriam, no devido tempo, organizarem-se para produzir aviões de porte menor – *narrow odies*. E é para onde caminha a aviação comercial em todo o mundo.

Nos últimos dados divulgados pela Flightglobal, consultoria inglesa que monitora o negócio da aviação, as perspectivas de médio e longo prazos são as melhores possíveis e as projeções e números, surpreendentes. E como avião não se decide, planeja, projeta e se constrói do dia para a noite – alguns modelos demandam mais de uma década –, a hora de decidir e somar é agora.

Até 2021, apenas para atender ao crescimento orgânico da demanda, as empresas aéreas terão que investir US$ 125 bilhões por ano. No fim do primeiro semestre de 2018, Boeing e Airbus, somadas, tinham em carteira um volume de encomendas de 13,2 mil aeronaves.

Agora vamos conferir as projeções da Iata, que tem como sócias as 275 maiores empresas aéreas do mundo.

O tráfego aéreo vai quase dobrar de tamanho até 2036: dos atuais quatro bilhões de embarques para 7,8 bilhões. E onde aumentará de forma substancial a demanda? Nos voos de curta e média distâncias, nos aviões de até 150 lugares e um único corredor. Com o adensamento de voos e passageiros, prevalecerá uma mudança na configuração das aeronaves *narrow body*. Que, para garantir maior velocidade no embarque e desembarque, muito provavelmente terão que ser repensadas e redesenhadas para comportarem dois corredores.

É isso, amigos. Quando o mercado em que atuamos implica planejamentos e longo prazo, e onde as decisões de hoje levam anos, algumas vezes décadas, para serem implementadas, em quase todas as situações, somar, fazer alianças e compartilhar é o caminho mais seguro para se preservar no jogo de forma competitiva.

Assim, o casamento de empresas como o conhecemos perdeu a razão de ser. É complicado, difícil, demorado, entediante. E, quando não dá certo, é uma epopeia para ser desfeito. Portanto, brevemente, nos maiores aeroportos do mundo e nos céus dos cinco continentes, os novos aviões da EmbraBoeing, ou BoeingEmbra. Da Bombarbus, ou Airbardiere.

Que sejam felizes para sempre até que o mercado sinalize nova direção.

Agora, afivelem os cintos e atentem às instruções... Decolagem!

Maquininhas

O país foi invadido pelas maquininhas de pagamento.

Antes eram duas ou três. Agora são dezenas. Qualquer banco meia boca tem sua maquininha. E muito brevemente todas serão arremessadas para o lixo, na medida em que os sistemas de pagamento migrem por completo para os smartphones.

Seguramente, a maior referência nessa disrupção do monopólio de duas empresas que reinaram absolutas durante duas décadas é a maquininha do UOL, a PagSeguro. E tudo é meio na base do foi indo, indo, indo, e, quando se deu conta, foi, era, é, vai, continua...

Era uma vez a *Folha de S.Paulo*, que resolve colocar no ar um portal de notícias no ano de 1996. Jogando no digital o que fazia no impresso e de uma forma totalmente inadequada à luz de hoje. No ano seguinte, coloca no portal a TV UOL – shows, notícias e entrevistas. Em 2000, manda uma equipe cobrir os Jogos Olímpicos de Sidney. Em 2001, faz uma cobertura histórica do atentado de 11 de setembro. Em 2002, transmite um jogo da seleção brasileira. A partir de 2005, começa a investir em segurança.

Em 2008, passa a oferecer serviços de hospedagem. Em 2009, serviços de assistência técnica. Em 2010, cria seu *data center*. Em 2012, converte-se, também, em portal de educação. E, em 2015, lança sua maquininha. A maquininha do PagSeguro. Isso mesmo, aquela sempre nas mãos de Alessandra Negrini.

Que, mediante uma política agressiva de comercialização e popularização, muda por completo a característica do negócio de meios de pagamento. Agora virou banco. Isso mesmo, a maquininha da UOL, *Folha de S.Paulo,* virou o Banco PagSeguro.

Considerando-se sua elevada penetração, a maquininha da *Folha,* que nasceu no UOL e que era apenas um espelho no digital do que a *Folha* fez durante décadas no analógico, tem tudo para alcançar um megassucesso.

Pela simples razão de que vai pegar carona num caminho já construído, viável, lucrativo, prático, de domínio de seus milhares de clientes lojistas, que farão sua adesão aos créditos que colocará à disposição, com total naturalidade.

Mais um daqueles fantásticos cases de empresas e empreendedores que foram fazendo, fazendo, fazendo, e, quando se deram conta, estava feito. Serendipismo em marketing. Atirou no portal, acertou na maquininha e converteu-se em banco. Partiu para Montevidéu e desembarcou em Tóquio... Jamais passou pela cabeça da *Folha de S.paulo* ter e ser banco um dia. Mas, com a tal da maquininha...

Independentemente disso, e da mesma forma que hoje assistimos à chuva de maquininhas, em muitos poucos anos virá a ressaca.

E como afirmei parágrafos atrás, e como está fazendo o UOL/*Folha,* ou as administradoras das maquininhas evoluem rapidamente para um novo negócio e se institucionalizam, ou ficarão com a brocha, ou melhor, com milhares de maquininhas esquecidas e abandonadas nas mãos, sem saber exatamente o que fazer.

Até mesmo o descarte será complicado.

Todo Dia, Agora, É Quarta-Feira... de Cinzas!

A cada semana escolho um setor de atividade e procuro aferir e dimensionar o grau e estágio de derretimento em que se encontra. Todos, sem exceção, neste momento derretem. Em maior ou menor grau de intensidade. Mas não escapa uma única cadeia de valor. Hoje, por exemplo, o derretimento do mercado financeiro...

Vocês têm acompanhado a disrupção com o decorrente derretimento das categorias de produtos e serviços de todas as cadeias de valor. É assim, assim será, e durante muito e muito tempo. Vivemos a primeira onda de disrupção. Depois teremos uma segunda, a disrupção da disrupção, e assim permanecerá durante décadas.

Em algum momento, Uber, Netflix e Spotifies serão disruptados por outros e novos *players* da mesma forma como disruptaram os táxis, os estúdios de Hollywood e a tradicional indústria das salas escuras de cinema, e as gravadoras e seu sistema convencional de distribuição e venda analógica de músicas.

Recentemente, no *Estadão*, mais uma fotografia da disrupção que se acelera no mercado financeiro brasileiro. A cada semana, uma ou duas agências a menos nos grandes bancos. A cada semana, as agências provisoriamente sobreviventes, repensadas e reformatadas. A cada semana, entre as agências sobreviventes, muitas ou mudando de endereço ou passando por uma reforma radical com o objetivo de reduzir o espaço – tornou-se desnecessário – e, eventualmente, reconsiderando sua vocação e aproveitamento. Sem falar nas duas ou três que, mais que disruptadas, são criminosamente explodidas pelos bandidos...

O Santander, por exemplo, está fazendo parceria com algumas franquias e colocando seus serviços dentro de suas agências. Numa delas, onde inclusive existe espaço para locação a profissionais no sistema *coworking*, existe um Café Havanna. Já o Bradesco integrou sua agência da avenida Paulista à Japan House.

O que dizem os números dos quatro grandes bancos – Itaú, Bradesco, Santander e Banco do Brasil? O seguinte: de 23.400 agências em 2016 para 21 mil no fim de 2018. De 176 mil caixas eletrônicos em 2016 para 160 mil no fim de 2018. De 450 mil empregos em 2016 para 400 mil no fim de 2018. E nas poucas e novas agências, dos 500 a 1.000 metros de dez anos atrás para no máximo 300 hoje.

Mesmo assim, esses números estão muito distantes da nova realidade e a caminho.

O derretimento ainda não alcançou a velocidade plena. É suficiente atentar para o fato de que a utilização dos serviços bancários a distância – internet, computadores, smartphones – aproxima-se dos 60% do total das transações. Ou seja, ainda existe muito para ser reduzido na malha analógica dos bancos.

E daí? Daí é o que eu afirmei no início. Apenas começamos a arranhar os primeiros anos do segundo tempo da história da humanidade. Durante décadas para alguns e séculos para nós, teremos um processo de disrupção permanente. Nada mais é supostamente definitivo. Antes também não era, mas durava tanto, que tínhamos essa sensação. Nascíamos e vivíamos com uma mesma organização, marca, produto, serviço.

Acabou. Não existe outra forma de pensar, planejar, agir. O tempo todo tendo em vista, e com a consciência de que tudo pode acabar em 2019, em dezembro, na semana que vem, amanhã, quarta-feira... Lembra, na música de Tom e Vinicius: "A gente trabalha o ano inteiro / Por um momento de sonho / Pra fazer a fantasia / De rei ou de pirata ou jardineira / Pra tudo se acabar na quarta-feira..."

Parece que agora todo dia é quarta-feira. Feliz Natal. Ótimo 2020!

Games, a Nova Droga...

Dependendo de como definamos o que é uma droga – no sentido negativo, o de gerar dependência e provocar transtornos de diferentes ordens –, sem a menor dúvida, convivemos cândida e inocentemente com uma nova e poderosa droga: os videogames.

E não é de hoje. Começou nos anos 1970 com o Atari, Intelevision e Odissey e hoje multiplicou-se ao infinito. Só que lá atrás não existiam os smartphones, tablets e consoles individuais. E os games eram maçantes e feios.

Dava um trabalhão montar os jogos na velha TV... E a qualidade da imagem encarregava-se de abortar qualquer possibilidade de vício. Um tédio. Cansava rapidamente.

Em matéria recente no *Estadão*, o jornalista Marco Antônio Carvalho entrevistou o psicólogo Cristiano Nabuco, do Instituto de Psiquiatria do Hospital das Clínicas de São Paulo. Na abertura da entrevista, o jornalista introduz o entrevistado e conta um pouco sobre essa nova realidade. Diz o jornalista Marco Antônio Carvalho: "Há cerca de 13 anos o psicólogo Cristiano Nabuco reúne jovens no HC para debater e tratar de dependências tecnológicas como o excesso de uso de videogames. Da década passada para cá, uma das diferenças é que os participantes são cada vez mais jovens, ainda... meninos...".

Se antes tinham entre 15 e 16 anos, hoje já atende crianças entre 7 e 8 anos. Será que não é esse o problema daquele menino da turma do seu filho que só apronta...?

Em decisão recente, a Organização Mundial da Saúde passou a classificar o vício em videogames como doença da área da saúde mental. "Os jogos são construídos para capturar cada vez mais a atenção...", diz o psicólogo Cristiano Nabuco. "Hoje, e diferente do início, os games não têm mais o 'game is over'; há pressões diretas e indiretas para que se queira jogar cada vez mais."

Como nas drogas, digo eu, Madia. E, na matéria, outras e alarmantes realidades. Hoje, e só na China, existem mais de 150 hospitais para internação para dependentes de videogames... Talvez a maior e mais grave entre todas as doenças do século 21...

O caminho percorrido pelos games é rigorosamente o mesmo dos traficantes de droga, diz o psicólogo.

"Primeiro uma versão grátis, na sequência uma generosidade desproporcional na distribuição dos pontos, até capturar por completo a atenção dos jovens e ingressar no território da dependência e compulsão. De quebrarem todos os recordes e mais recordes. E assim, aos poucos, em vez de minutos, os jovens começam a alocar horas do dia para vencerem os novos desafios de games que jamais terminam..."

"Pior ainda, se as primeiras iniciações ou degustação de maconha ocorrem aos 12, 13 e 14 anos, a indução ao vício dos games muitas vezes ainda começa com os bebês de 1 ou 2 anos, muitos nos colos de suas mães, e através dos celulares para distrair..."

Hoje o tratamento para a dependência de games é psicoterapia. Quando o vicio extrapola, recomendam-se medicamentos.

Grupo de risco maior, meninos e adolescentes jovens. Principais disseminadores ou traficantes do vício e das drogas? Pais e mães querendo um tempo para eles e colocando seus smartphones com jogos inocentes para seus filhos se distraírem... Se iniciarem no vício... Drogarem-se!

Que desafio!

Para que Serve um Restaurante?

No dia 8 de outubro de 2018, nas revistas, uma notícia inusitada e que causou perplexidade. Aquele que foi eleito pela *Veja SP* – Esquina do Mocotó, na Vila Medeiros – o melhor restaurante de cozinha brasileira da cidade com cinco estrelas, e que ganhou uma estrela do *Guia Michelin*, fechou suas portas.

Segundo seu proprietário e chef, Rodrigo Oliveira, era o restaurante certo no lugar errado. Diz Rodrigo: "Nosso tíquete médio variava entre R$ 98 e R$ 108, muito barato comparado com outros cinco estrelas da cidade, mas caro para o lugar onde estávamos e para as pessoas do bairro".

Consagrado e idolatrado pela clientela, mas o suficientemente longe e fora de mão para merecer uma frequência permanente. E, ao mesmo tempo, absolutamente inacessível à vizinhança.

Achei a notícia estranha e curiosa, e acabei encontrando uma entrevista de três meses anteriores ao fechamento, com o chef Rodrigo Oliveira, na qual ele revela sua intenção de fechar o Esquina do Mocotó. Na entrevista faz menção a um papo que teve com sua mulher, Adriana Salay, historiadora.

Adriana perguntou a Rodrigo, num determinado momento, qual o propósito de um restaurante. "Tentei responder e explicar da maneira mais bonita possível", diz ele "mas ela interrompeu, dizendo 'tudo muito bonito, só que o propósito de um restaurante é apenas o de fazer com que as pessoas saiam melhores do que entraram', sejam restauradas...".

E aí caiu a ficha, e Rodrigo decidiu mudar... Tomada a decisão, e como é do regulamento da *Vejinha* e da premiação, Rodrigo Oliveira devolveu o diploma contendo as cinco estrelas. E para elucidar o tema de vez,, decidi ir atrás dos dicionários etimológicos. Como não poderia deixar de ser, está tudo lá...

"A palavra restaurante tem origem no latim *restaurare*, que significa restaurar. Torna-se popular a partir do século XVIII, em Paris, quando um empresário francês chamado Boulanger abre uma casa de comidas na cidade. Na fachada, o *positioning statement* da época. Em latim, Venis Ad Me Omnes Qui Stomacho Laboratis Et Ego Resturabo Vos. Ou, em português, vinde a mim os que têm o estomago vazio que eu os restaurarei."

Portanto, o Esquina do Mocotó, sucesso total de crítica e público, mas inacessível à vizinhança, fechou suas portas. Complicado restaurar os que adoravam o restaurante Mocotó, mas vinham pouco pela distância, e os que mesmo morando ao lado nem mesmo tentavam, porque não cabia no bolso. Assim, não dava para cumprir o propósito de todos os restaurantes: restaurar!

Em tempo, com o fechamento do Esquina do Mocotó, os admiradores da cozinha espetacular de Rodrigo Oliveira deliciam-se hoje em plena avenida Paulista. Conferindo o melhor acervo de fotografias dos pais, ótimas exposições, e o irmão caçula do saudoso Mocotó, o Balaio, no térreo do Instituto Moreira Salles, avenida Paulista, 2424. Nos dias da semana abre ao meio-dia em ponto. Meio-dia e cinco, todas as mesas ocupadas.

Assim, agora, corrigido o erro de localização, Mocotó virou Balaio e cumpre gloriosamente sua missão de restaurar todos os seus frequentadores. Obrigado, Adriana, pelo toque que deu a Rodrigo.

É isso, amigos, restaurantes restauram. Se não restauram, não são restaurantes.

Macy's

Em janeiro de 2019 e, excepcionalmente, em função da mudança do MadiaMundoMarketing, não bati o ponto, como faço há quase 40 anos consecutivos e ininterruptos, em New York City – a capital do mundo, onde o Marketing Live, em todos os sentidos.

Assim, não poderei me despedir, uma vez mais, da legendaria e monumental Macy´s da Herald Square. E de suas escadas rolantes de madeira... Macy´s, a loja de departamentos. Claro que estou exagerando, mas mais um pouco...

A seguir no ritmo atual, caminha para se converter em administradora de imóveis. Dentre todas as lojas de departamentos, a minha preferida, de longe e a perder de vista, é a Macy´s. Não todas; especificamente uma Macy´s.

A mais emblemática de toda a rede. A de New York City, Herald Square, 6ª com 39ª. Escadas rolantes de madeira... George e Ira Gershwin na trilha sonora. Tudo tem começo, meio e fim. Nada é para sempre, como testemunhamos neste momento o fim da Editora Abril.

Depois de quase 150 anos gloriosos, as lojas de departamentos vão tombando pelo caminho. Não valem mais pelos intangíveis que construíram no correr de décadas. Valem pelos imóveis comprados e edificados durante a trajetória.

As lojas de departamentos, *latu sensu*, tiveram uma vida bem mais curta em nosso país. As duas mais emblemáticas dentre todas faliram no ano de 1999. Nem mesmo cruzaram o milênio. Duraram pra valer 60, 70 anos, exagerando, como lojas de departamentos de verdade.

Além de Mappin e Mesbla, poucas e fugazes manifestações, como, por exemplo, a presença da Sears por aqui. Com suas lojas da Água Branca e do Paraíso...

Dentre todas as lojas de departamentos conhecidas pelos brasileiros, o grande destaque é a Macy´s, muito especialmente por seu espetacular prédio ao lado do coração da Broadway, na cidade de Nova York.

No fim de 2017, ainda a Macy´s registrava mais de 600 lojas nos Estados Unidos. Traduzindo-se num patrimônio imobiliário e comercial de mais de US$ 16 bilhões. Já a Macy´s, empresa, não valia mais que US$ 6,4 bilhões em Wall Street.

O processo de enxugamento e reciclagem já começou. Na cidade de Portland, Oregon, por exemplo, deixa de existir uma de suas lojas, que se converte em *coworking*, lanchonete e academia de ginástica.

Em Seattle, a Macy´s abre mão de parcela expressiva do espaço que ocupa num megaedifício e loca a maior parte do prédio para... Isso mesmo, para os escritórios da Amazon, que para lá se mudou no ano de 2018.

Em síntese, não morre amanhã de manhã, mas vai definhando e deixando partes pelo caminho até converter-se, quem sabe e talvez, única e exclusivamente, numa milionária administradora de imóveis.

O dia em que não existir mais a Macy´s da 34ª, Nova York terá que mudar de nome. E, durante séculos, todos os que passarem pelo quarteirão sagrado continuarão ouvindo um piano distante tocando a *Rhapsody in Blue*, marca registrada de uma Macy´s todos os dias, às 10 da manhã em ponto, ao abrir suas portas.

Renovar, ou morrer, ou o preço da sobrevivência é a permanente atualização...

O Dia em que o Santa Luzia Foi ao Shopping

Abro o *Estadão*, num sábado de 2018, e na página B16 leio: "A Casa Santa Luzia vai ao shopping...". Me pergunto: será que não resistiram e entraram numa "megarroubada"?.

Vou ao texto: "Tradicional supermercado de luxo de SP aposta em lojas temporárias para as vendas de Natal". Uma bobagem.

São dois quiosques em dois shopping centers: Iguatemi e JK Iguatemi. Exclusivamente para vender kits de presentes de Natal, bebidas e outras iguarias. Esses quiosques encerraram suas atividades no dia 25 de dezembro.

O que aconteceu e está por traz disso? Pressões familiares. De fundadores com netos agora moços, com a terceira geração tendo ideias e querendo participar, acreditando que é possível multiplicar o sucesso em diferentes lugares, mas com os fundadores ainda no comando, lúcidos e com juízo, dizendo não, não, não... E ouvindo: "Mas vô...".

E aí, para acabar com o incômodo e desconforto, para ceder ao neto, acabam flexibilizando e concordando com uma iniciativa pontual e única.

No comando dessa temeridade, o neto Guilherme Lopes Sobral, 26 anos, que, segundo ele declarou na matéria, "pretendia dar mais visibilidade à marca através de lojas temporárias e em datas específicas: Dia das Mães, Dia dos Pais, Natal, Ano Novo...".

O projeto foi um risco tolo. Não agrega absolutamente nada ao negócio, mas potencializa descontentamentos e acidentes potenciais que podem contaminar a marca Santa Luzia.

Ou seja, não mexe com a última linha do balanço, mas pode abalar a primeira linha do reconhecimento e da reputação.

O que as terceiras e quartas gerações desse negócio de sucesso deveriam fazer é alocar todo o tempo do mundo em como alavancar infinitas vezes o negócio campeão e exemplar de uma única loja, o Santa Luzia, levando seus produtos e serviços aos mais de cinco mil municípios do país, sem precisar abrir uma única segunda loja que seja, um único e mínimo quiosque, em busca de um modelo de sucesso exclusivamente no ambiente digital.

Aí sim, e de verdade, começarão a construir o segundo ato ou tempo de um dos varejos de uma loja só, mais bem-sucedida em todo o mundo. Lembram da lição monumental e definitiva de Tom Jobim e Newton Mendonça:

"Eis aqui este sambinha feito numa nota só. Outras notas vão entrar, mas a base é uma só. Esta outra é consequência do que acabo de dizer. Como eu sou a consequência inevitável de você. Quanta gente existe por aí que fala tanto e não diz nada, ou quase nada. Já me utilizei de toda a escala e no final não sobrou nada, não deu em nada. E voltei pra minha nota como eu volto pra você. Vou contar com a minha nota como eu gosto de você. E quem quer todas as notas: ré, mi, fá, sol, lá, si, dó. Fica sempre sem nenhuma... Fique numa nota só".

Apenas isso!

6

Coisas do Brasil

Durante décadas, vibramos nos cinemas com os filmes de faroeste. Era o tempo das diligências e dos roubos... Hoje a cena se repete, as novas diligências, do próspero comércio eletrônico, são assaltadas – 140 mil roubos de carga em sete anos...

Nas noites de Brasília acontece de tudo. Acabam os partidos e todos são partes integrantes de uma mesma irmandade. Uma espécie de código de honra impede contar quem sai com quem... Políticos e jornalistas de mãos dadas. E o Brasil...

O mais que abençoado MEI completou dez anos. Junto com o *franchise*, as duas melhores escolas de empreendedorismo do país. E no cipoal tributário do Brasil, náufragos e sobreviventes multiplicam-se.

Assim como muitas pessoas, produtos e serviços desaparecem do horizonte dos consumidores sem deixar nenhuma notícia. Na crônica de dois estádios, o que já deu certo e o que dificilmente dará.

Tio Toninho passou no concurso do Banco do Brasil nos anos 1940. Foi trabalhar na agência de Campo Grande e a família esperou 60 dias para receber a primeira notícia. Hoje milhares de jovens querem partir e pode-se conversar várias vezes ao dia em tempo real. Se eu fosse jovem, partiria? Não.

E a latitude dos cavalos dos tempos dos navegadores encontra um correspondente nos dias de hoje e no quadrilátero do desemprego...

No Tempo das Diligências

Stagecoach — No Tempo das Diligências —, é um dos dez melhores filmes de faroeste de todos os tempos, sob a direção de John Ford. Adaptado do monumental conto de Guy de Maupassant, *Bola de Sebo*, talvez a mais instigante reflexão sobre a natureza humana. Tem muito a ver com os tempos que vivemos em nosso país. Só faltam os desfiladeiros e os apaches do filme.

Um dia nasceu a rede mundial de computadores. Originalmente, um privilégio exclusivo da comunidade científica mundial. Dia após dia foi sendo invadida pelas demais pessoas e converteu-se em patrimônio da humanidade. O mais importante entre todos. Vivo, integrador, democrático, de acessibilidade plena e universal.

Todos os anos a Organização das Nações Unidas para a Educação, a Ciência e a Cultura (Unesco) divulga uma relação de lugares e espaços culturais e naturais de excepcional valor para a humanidade. Lugares históricos e naturais traduzem a cultura e a natureza dos países e acabam por atrair a atenção dos mais de sete bilhões de habitantes da Terra. São mais de 700 os patrimônios da humanidade. A www não se insere dentro desse entendimento, mas é, repito, de longe, o maior patrimônio da humanidade.

Além de informações, de proximidades, de recados, de abraços e amores, fomos também aprendendo a comprar a distância. E o tal do comércio eletrônico converteu-se em realidade. Em poucos anos será a plataforma principal. Mais de 50% de todas as transações. E parte delas, de produtos que terão que ser entregues... Num país, Brasil, de dimensões continentais.

Diferentemente de outros países continentais, vimos definir a malha ferroviária construída no correr de um século, poluímos os rios e não cuidamos de nossas estradas. E assim a descomunal barreira que inibe o crescimento em maior velocidade do comércio eletrônico por aqui se chama logística e distribuição. Absurdamente agravada nos últimos dez anos devido a uma megapraga: o roubo de cargas. Mergulhando-nos numa espécie de No Tempo das Diligências, cem anos depois. Se não resolvermos urgente esse flagelo, o comércio eletrônico no Brasil será regional, seletivo, específico, tribal, deixando à margem milhões de pessoas físicas e jurídicas.

Os números são devastadores. Segundo estudo divulgado pela MC2R Consultoria Estratégica, de 2010 a 2017, foram registrados 136.295 roubos de cargas num valor total de R$ 8,7 bilhões. Apenas em 2017, foram mais de 25 mil roubos, num valor total superior a R$ 2 bilhões.

As maiores incidências ocorrem no Rio de Janeiro e São Paulo. Dos 25 mil do ano passado, 21 mil nos Estados do Rio e de São Paulo e em idênticas proporções.

Segundo a MC2R: "O roubo de cargas é um crime que afeta não apenas os transportadores e donos das cargas. Toda a economia é afetada pelos efeitos em cadeia, que geram forte perda de competitividade devido à transferência dos custos extras para a sociedade através do preço final das mercadorias".

"Dependendo do tipo de mercadoria e da região onde será comercializada, o acréscimo no preço final do produto pode ser de até 40% (caso de produtos farmacêuticos e eletrônicos)."

O roubo de cargas é, hoje, o maior entrave ao crescimento e penetração do comércio eletrônico no Brasil. Portanto, está mais que na hora de enfrentarmos com coragem e determinação e nos livrarmos dessa praga que nos debilita, enfraquece, empobrece, inibe... Que nos condena, inexoravelmente, ao atraso.

Noites de Brasília

Meses atrás, James Wolfe, assessor sênior da Comissão de Inteligência do Senado americano, 57 anos, foi preso sob a acusação de ter mentido para os investigadores.

Tudo começou quando Ali Watkins, 20 anos, jovem, atraente, começando sua carreira como jornalista, cruzou com James. Depois de muita insistência, acabou deixando-se seduzir por James, por seus pequenos presentes e, principalmente, por informações que rapidamente alavancaram sua carreira.

E em pouco tempo foi parar no BuzzFeed News, *The Huffington Post*, e hoje trabalha para o *New York Times*, aos 26 anos de idade. A mesma história de sempre e que se repete. Envolvimento de jornalistas e políticos.

Segundo muitos, um clássico das noites de Brasília, onde políticos distantes da família e jornalistas solteiras e ascendendo na carreira cruzam-se nos restaurantes e acabam engatando um romance...

Alguns jornalistas – homens e mulheres – que hoje ocupam ou já ocuparam posição de destaque na imprensa protagonizaram namoros e romances com políticos, o que lhes garantiu furos sensacionais e aceleração na carreira. Dizem que Brasília é a cidade do mundo onde essa situação bate todos os recordes de recorrência.

Alguns desses romances vieram a público, como o de um político do Nordeste e uma jornalista, do qual resultou um filho e matéria de capa na falecida *Playboy*. Isso acabou gerando uma espécie de pacto entre todos os políticos de todos os partidos. Esse território é sagrado e ninguém denúncia ninguém. PT e PSDB podem se engalfinhar em público. Mas jamais se denunciarão no tocante aos relacionamentos extraconjugais das noites de Brasília. Na noite todos são amigos, fraternos, cordiais e, acima de tudo, santos.

Dessa farra participaram desde FHC, célebre por seus romances com jornalistas, até as meninas que frequentavam a casa pilotada por Palocci durante os governos petistas.

Esse recurso tem sido usado de forma recorrente por muitas empresas na busca de informações confidenciais e decisivas de seus principais concorrentes. E, de forma especial, essa prática faz parte da rotina da cidade de San Francisco e de boa parte das empresas do Vale do Silício.

Ou seja, esse tipo de comportamento está muito distante do que é de verdade a inteligência competitiva. Que usa todos os recursos possíveis e imagináveis, decorrentes da capacidade criativa e de imaginação das empresas, sem jamais, repetindo, jamais resvalar na ilegalidade, corrupção, compra de informações. Putaria, então, nem pensar...

Todos temos que usar, sempre e intensivamente, métodos de monitoramento, acompanhamento de todas as movimentações de nossos principais concorrentes, assim como de todas as demais empresas que são referência para as nossas.

Mas jamais, em hipótese alguma, atravessar, por um milímetro que seja, os limites impostos pelas normas, leis, regulamentos e, principalmente, ética.

Isso, sim, é inteligência competitiva genuína, verdadeira, natural, decisiva, que merece todos os elogios, respeito e maior admiração.

Já a outra...

Abençoado Mei

Quando um dia escreverem a história de como o Brasil migrou de uma sociedade de empregados para uma sociedade de empreendedores, dois fatores merecerão especial destaque. Um primeiro que preparou e formou; e um segundo que, mediante a legislação, formalizou.

O instituto do *franchise*, o melhor lab de formação de empreendedores – capacitação na prática - e uma legislação que completou dez anos e impulsionou milhões de jovens – de todas as idades - nessa direção.

Hoje comemoro com vocês os primeiros dez anos dos MEIs. E que aconteceu numa sequência redentora e iluminada. Primeiro a Lei 11.598, de 2007, criando a Redesim – Rede Nacional para a Simplificação do Registro e da Legalização de Empresas e Negócios. Depois, a Lei Complementar 123/2006, instituindo o Instituto Nacional da Microempresa e da Empresa de Pequeno Porte, que acabou sendo conhecida como Lei Federal da Micro e Pequena Empresa. E, finalmente, há oito anos, o nascimento da Lei Complementar 128/2008, criando a figura do Microempreendedor Individual, o MEI...

O início não foi fácil. Medo e desconfiança. Mas, no fundo, todos pressentiam – todos sabiam - que o emprego tal como um dia conhecemos não existiria mais. Que mais cedo ou mais tarde teríamos todos, que migrarmos para o empreendedorismo. Que na sequência a sociedade vertical se horizontalizaria com o prevalecimento da *sharing economy*, a economia por compartilhamento.

E assim, de quase 300 mil no primeiro ano, 2010, para 1 milhão no segundo, dois no terceiro, três no quarto, quatro no quinto, cinco no sexto, seis no sétimo, 2016, 7,1 em 2017 e batendo nos 8 milhões no fim de 2018.

31,2% dos novos microempreendedores têm entre 31 e 40 anos de idade, 23,7% entre 41 e 50, 22,3% entre 21 e 30. E 15,7% entre 51 e 60. Assim, entre 21 e 50, a grande maioria, quase 93%. Mas ainda temos quase 6% de jovens acima de 61 anos e na outra ponta, até 20 anos, quase 2%...

51,8% dos MEIs concentram-se no Sudeste. De cada dez empresas novas que nascem, oito são MEIs, 38% voltadas para serviços e 36,4% para o comércio. 45% dos MEIS trabalham a partir de suas casas e 30% são e trabalham em estabelecimentos comerciais.

Assim, depois de dez anos, temos muito que comemorar. Ainda que muitos tenham mergulhado de cabeça no empreendedorismo por total falta de alternativas, não importa. Mesmo com todos os desafios e dificuldades, é pouco provável que se os empregos, por uma mágica, retornassem – impossibilidade total e absoluta –, a maioria dos novos empreendedores teria uma dificuldade insuperável de reconsiderar a decisão tomada.

Talvez ainda não ganhem mais. Talvez ainda sofram e durmam mal vez por outra. Mas é indissimulável a felicidade que ostentam em seus rostos e manifestações.

Há dez anos começou a nascer um novo Brasil e, por isso, repito, temos muito a comemorar.

Náufragos e Sobreviventes

Não é incomum ouvir dizer que empresário que dá certo no Brasil dá certo em qualquer lugar do mundo. Embora não seja exatamente assim, é quase assim.

Para empreender no Brasil é preciso muita energia, paciência, determinação, força de vontade, e tudo mais, claro, além de talento e competência. Em doses muito maiores do que na maioria dos outros países. É raro o dia, mês e ano que um empresário não considere a possibilidade de desistir. Mas, felizmente para nosso país, a energia empreendedora fala mais alto e prevalece.

O ambiente empresarial brasileiro é uma selva. Selva cerrada de bambus e cipós de todas as espécies totalmente entrelaçados. Aranhas, mosquitos, cobras e lagartos por todos os lados. E, ao cair da tarde, morcegos aos bandos. O empresário tem que estar o tempo todo preparado para surpresas de toda ordem e desbastando o que vem pela frente para continuar em sua heroica trajetória. O peso da burocracia é desproporcional e asfixiante. Quando se deita, sangra.

Recentemente, o *Diário do Comércio* publicou um estudo realizado pela empresa de consultoria fiscal Fiscosoft. Entre outras conclusões, as seguintes:

1. Uma quantidade significativa de empresas gasta mais de 200 horas mensais para adequar sua gestão às constantes alterações legais.

2. Normalmente, nessas empresas, o contingente de funcionários envolvidos nesse processo é de mais ou menos 15.

3. Independentemente da quantidade de horas e do número de profissionais envolvidos, não é incomum o entendimento equivocado de determinadas normas, acarretando refações e multas.

4. Todos os mecanismos supostamente simplificadores introduzidos pelo Fisco nos últimos anos só conseguiram levar o que se fazia no ambiente analógico para o digital, mas as redundâncias permanecem, e as empresas continuam com as mesmas obrigações de mandar os mesmos documentos e guias para diferentes repartições e autarquias.

    Com todas as possibilidades e simplificações que a tecnologia possibilita, no Brasil seu emprego pelo Estado, em vez de melhorar, piorou... Passamos a fazer o mesmo duas vezes.

5. Das 441 empresas entrevistadas, 42,3% delas disseram que o que mais as ocupava e preocupava era o correr atrás das modificações constantes para tentarem se preservar atualizadas.

6. Todas foram unânimes em afirmar que o pior dos impostos, que exige maior atenção e consome mais força humana e horas, é o ICMS. Muitas das empresas têm que ficar correndo atrás, o tempo todo, das especificidades da legislação de cada um dos 27 estados brasileiros.

7. E ainda o absurdo de muitas empresas, temendo o Fisco, acabarem pagando muito mais do que o devido, pelas dúvidas constantes sobre leis e regulamentos, e se prevenindo de eventuais e pesadas autuações. Preferem pagar a mais a que correr riscos! Socorro!!!

Assim, depois desse estudo, pode-se dizer que o empresário brasileiro é movido por uma estranha e descomunal energia empreendedora, turbinada por teimosia e loucura. Quase hospício.

Pessoas em plena posse do juízo empreenderiam em outros países, jamais no Brasil.

Tomara que a lucidez, competência e visão moderna de Paulo Guedes e seus comandados consigam resgatar o empresário brasileiro e preservar a única manifestação no ambiente corporativo e dos negócios que produz empregos.

A única espécie de árvore – desconhece-se qualquer outra possibilidade em todo o mundo – onde dá essa deliciosa e essencial fruta emprego, que resgata a harmonia, a paz e a dignidade dos seres humanos.

A empresa.

Desaparecer sem Deixar Notícias

Aconteceu novamente. Não obstante todas as lições de Mariana, péssimos alunos que somos, demos de ombro, não fizemos a lição de casa e, em final de semana, meses depois a tragédia foi maior ainda.

Em nossas vidas estamos mais acostumados e supostamente preparados para mortes do que para desaparecimentos. Muito especialmente desaparecimentos de pessoas que estavam bem ali, na nossa frente, e de repente... Mas que, antes de morrer – claro, muitos morreram –, desapareceram. Muitos permanecerão na lista indefinidamente, pela falta protocolar de seus corpos desaparecidos.

No sábado, dia 17 de novembro de 2018, depois de um ano, finalmente foi encontrado o submarino argentino que desapareceu com 44 tripulantes a bordo. A 907 metros de profundidade e a 600 quilômetros da costa.

Desaparecer é uma das características do mundo em que vivemos, em que objetos, coisas, pessoas, produtos e serviços desaparecem sem deixar notícias. Os últimos dados em relação ao Brasil registram 200 mil pessoas que desaparecem por ano – 40 mil são crianças. Só na cidade de São Paulo 11 pessoas somem por dia.

Mas, como os desaparecimentos acontecem no varejo, sem nenhum barulho ou repercussão, distante da vista das pessoas, nenhum registro e muito menos qualquer consciência sobre a dimensão dos desaparecimentos do cotidiano e da rotina de cada dia.

Who cares? Já na história, a lista de desaparecidos célebres – sem deixar rastro ou notícia – é descomunal. Artur I Duque da Bretanha, Eduardo V da Inglaterra, D. Sebastião, William Morgan, Rudolf Diesel, Ambrose Bierce, Sacadura Cabral, Antoine de Saint-Exupéry, Ulysses Guimarães e a linda menina de olhos claros Madeleine McCann, que sumiu no Algarve, Portugal. E até hoje, nada.

Brevemente, em um dos próximos artigos, prometo uma grande relação de produtos e serviços que desapareceram, assim como chegaram, e sem dar nenhuma notícia... apenas foram... Tipo patinetes elétricos...

Mas, se vocês quiserem antecipar-se e fazer um teste, abram suas gavetas e, certamente, vão encontrar pequenos e queridos produtos com importância mais que relevante em nossas vidas, que acreditávamos que jamais abriríamos mão, mas, de repente, eis um novo produto que presta o mesmo e ainda outros serviços com graus maiores de acessibilidade em todos os sentidos.

E, sem perceber, vamos deixando, esquecendo, ignorando o ótimo produto bem lá no fundo de nossas gavetas. Não desaparecido, mas esquecido e ignorado.

Lembram, pessoas não compram produtos, compram os serviços que os produtos prestam. E sempre que um novo produto presta o mesmo serviço de uma forma mais acessível e melhor em todos os sentidos, naturalmente, instintivamente, procede-se a troca. Do dia para a noite.

Somos assim. Na plena posse do juízo, optamos pelo melhor. Sempre. Tomara que desta vez a indignação que toma conta do país converta-se em mudança de comportamento e atitudes de verdade.

E não apenas em mais uma notícia de uma grande e inaceitável tragédia, ou melhor, crime doloso, de um final de semana qualquer, de um país onde eventos como esse fazem parte, lamentavelmente, de uma triste paisagem e de uma inaceitável e insuportável rotina.

Itaquerão: O Preço de um Desatino

Correndo em busca, desesperadamente, da venda do *naming rights*. Desde a inauguração...

Quando o Corinthians, através de seus dirigentes, com o apoio de Lula, decidiu fazer seu estádio, e pelas limitações impostas e decorrentes do próprio projeto, a *revista Exame* fez um estudo rigoroso e detalhado.

Alertava, na época, que, mesmo tendo espetáculos e atrações duas vezes por semana, no correr de todo um ano, e com todos os lugares ocupados, não conseguiria honrar os compromissos assumidos com os investimentos. E é esta hoje a situação do Itaquerão.

Para a construção do estádio constituiu-se um fundo com propósito específico – isso mesmo, o de organizar e captar os recursos necessários para os pagamentos decorrentes dos empréstimos obtidos. Esse fundo chama-se Arena Fundo de Investimento Imobiliário e é administrado pela Trust Distribuidora de Valores.

De compromissos já vencidos e não pagos, o clube acumulava uma dívida de R$ 11 milhões no início de janeiro de 2017. De lá para cá não conseguiu amortizar absolutamente nada dessa dívida, à qual se somam outras prestações que já venceram e hoje totalizam R$ 53 milhões, a caminho dos 60 milhões brevemente. Isso apenas de compromissos já vencidos e não pagos.

A dívida total projetada é superior a R$ 1 bilhão. De alguma forma e recentemente, os dirigentes do clube reconheceram que a dívida é impagável, dadas as receitas conseguidas - muitas vezes o Itaquerão fica duas semanas sem jogos –, mas as despesas de manutenção permanecem.

A reportagem de *Exame* estava absolutamente certa. Independentemente de torcida e clube, São Paulo convive hoje com dois exemplos. E notáveis aprendizados para os que não gostam de cometer os mesmos erros já cometidos anteriormente.

O exemplo certo e o exemplo errado. A arena do Palmeiras, parceria do clube com a iniciativa privada, e a do Corinthians, totalmente dependente da política e do Estado. E independentemente de todas essas características e circunstância, uma diferença de qualidade de localização desproporcional. Assim, parcela expressiva dos shows e atrações acaba elegendo a arena do Palmeiras.

Desde sua inauguração, o Allianz Parque, a arena do Palmeiras, já contabiliza a realização de dezenas de shows: começando com Paul McCartney, no dia 25 de novembro de 2014, com 50 mil pessoas, show repetido no dia seguinte com o mesmo número de pessoas, e passando por Rod Stewart, Katy Perry, Muse, Ariana Grande, David Gilmour, Marron 5, Iron Made, Coldplay, Eros Ramazzotti, Andrea Bocelli, Aerosmith, Guns N' Roses, Demi Lovato, Justin Bibier, Elton John, James Taylor, Sting, John Mayer, Phil Collins, entre outros globais e internacionais, e Roberto Carlos e a quase totalidade dos principais artistas do Brasil, incluindo os Tribalistas e Ivete Sangalo.

Enquanto isso, no Itaquerão...

Mais cedo ou mais tarde, certamente no longo prazo, o erro e o acerto terminarão por repercutir, pelas receitas auferidas e pelos empréstimos não pagos, no crescimento e na popularidade dos dois clubes. Decisões precárias e inconsistentes custam caro.

Pior ainda, no desespero de correr atrás do prejuízo, é raro o mês em que o Corinthians não venda um de seus craques pela primeira oferta que aparece. Hoje e em todos os próximos anos, nas aulas de estudo de "cases, Allianz Parque e Itaquerão" lado a lado.

Como fazer e como não fazer. O certo e o errado.

Pior ainda, não tem como corrigir!

Tio Toninho

Pesquisa recente do Datafolha revela: 62% dos jovens brasileiros deixariam o Brasil numa boa se tivessem esta possibilidade. No total da população, este número chega a 43%.

Dois comentários, ou melhor, três:

Primeiro – A situação do país é altamente desmotivadora para todos os brasileiros, de uma forma geral, e muito especialmente para os jovens, sem grandes perspectivas e naturalmente abarrotados de sonhos.

Segundo – Existe um novo componente nessa realidade, que é o seguinte: uma coisa era sair do Brasil há 50 anos, outra é sair hoje.

Com qualquer smartphone meia boca e uma razoável conexão da internet, as pessoas continuam próximas de seus pais, amigos, conhecidos, fatos, acontecimentos, a uma distância não de 10, 20 ou 30 mil quilômetros...

É bem possível que se vejam e falem mais do que se continuassem na mesma cidade; talvez na mesma casa... Uma distância de duas ou três teclas.

Meu tio e padrinho Antonio Araujo Souza, o saudoso tio Toninho, nos anos 1950, passou no concurso do Banco do Brasil. Foi designado para a agência de Campo Grande, Mato Grosso do Sul... Morava em Bauru.

Sua mãe e minha avó, Elidia, viúva de Joaquim e com filhos, filhas, noras e genros. A família do tio Toninho. A família toda. Choradeira monumental!

Sua primeira notícia chegou depois de 60 dias. Uma carta mais uma foto com tio Toninho numa canoa pescando e dizendo que estava tudo bem. Se fosse hoje, teríamos acompanhado sua viagem em tempo real desde o momento em que fechou as malas e pegou um táxi em direção ao aeroporto.

E conversaríamos todos os dias como se também nós, toda a família, morássemos em Campo Grande.

Terceiro – e agora falo por mim. Acho que falo pela maioria e que pretende permanecer...

Não existe nenhum outro país ou lugar em todo o mundo, não obstante a merda do momento que vivemos, com as infinitas possibilidades e oportunidades que o Brasil oferece.

Mas a decisão sobre a vida pertence a cada um.

Nem acho justo dizer que permanecerei por aqui até o fim, mesmo porque já cheguei aos 76 anos.

Mas estou mais que convencido de que, se tivesse a idade de vocês, diria rigorosamente a mesma coisa; faria a mesma escolha: Brasil!

Claro, procurando ganhar dinheiro que me possibilitasse viajar com frequência e sempre.

Obrigatoriamente, como faço hoje, ao menos uma vez por ano para a capital do mundo, New York City.

Recarregar a bateria.

Mas minha escolha é e seria, caso tivesse no alvorecer da juventude, como boa parte de vocês: Brasil!

Assim como supostamente falou Pedro I, digo a vocês que fico! Mas, claro, mais que respeito a decisão a que venham tomar.

A Latitude dos Cavalos e o Quadrilátero do Desemprego

Navegadores antigos, que partiam na esperança de desembarcarem em alguma terra nova e ainda não registrada nos mapas, carregavam em seus navios, além dos tripulantes e marinheiros, água e comida para alimentação e cavalos para o eventual e provável desembarque diante de descobertas.

Quase sempre, no meio dos oceanos, vinha a calmaria, os navios reduziam a velocidade, quase paravam. Os mantimentos começavam a acabar. Era preciso sacrificar parte da tripulação. Os escolhidos, invariavelmente, eram os cavalos. Depois de lançados ao mar, sem o seu peso, os navios começavam a se movimentar. Os cavalos levavam horas para morrer. E, enquanto não morriam, desferiam gritos lancinantes. Que nunca mais deixariam de atormentar o sono e os sonhos dos marinheiros sobreviventes para o resto de suas vidas.

Na Lapa, em São Paulo, agora existe alguma manifestação similar. O quadrilátero do desemprego. Quatro ruas e uma travessa onde se concentram 21 agências de trabalho. Em suas paredes, placas oferecendo vagas de porteiro, mecânico de ar-condicionado, assistente de expedição, auxiliar de escritório. Na frente das placas, esperando pelos currículos, os plaqueiros.

Cada um recebe todos os dias, em média, 1,2 mil currículos. Mauricio Morcelli, 65 anos, é plaqueiro há 11 anos. Declarou ao *Estadão*: "Recebo até 1,2 mil currículos por dia". No começo tinha de treinar o olho para identificar um possível candidato a uma das vagas. Nos últimos anos limito-me a colocar um banquinho na esquina da rua 12 de outubro e esperar pela chuva de currículos.

Cenas tão pungentes e devastadoras como as da latitude dos cavalos. De uma sociedade que se reinventa radicalmente, acabando com milhões de empregos em todo o mundo, sem ter preparado as pessoas para uma nova realidade. O tal do buraco no meio.

Entre um mundo que vai ficando na paisagem e um novo em processo de formação. E com milhões de pessoas em todo o mundo em busca de uma luz, orientação, fonte de renda...

E ainda acreditando nos tais de empregos – uma espécie em radical extinção. Está mais que na hora, de uma forma sensível, inteligente e verdadeira, de o mundo encontrar uma solução transitória.

Enquanto nos despedimos do mundo velh e enquanto os fundamentos do admirável mundo novo vão se definindo. Ou vamos ficar esperando nossos amigos, parentes, vizinhos, vagando pelas ruas?

7

Efemérides e Ícones

Não me lembro de outra pessoa ter utilizado com tanta propriedade sua assinatura em seu processo de branding como Donald Trump. E os sapatinhos vermelhos de Dorothy, depois de 13 anos, foram resgatados pelo FBI. Todos, num mundo de transformações monumentais, em busca de um sapatinho que os remeta ao passado.

Agora caiu a ficha. Quase todos os empresários verdadeiramente modernos e conscientes preocupam-se com o legado. Deveriam referir-se ao exemplo de Amador Aguiar e Lazaro de Melo Brandão, que planejaram o legado quando o Bradesco era apenas um sonho.

Por falar em banco, um banqueiro circunstancial e inusitado. Sergio Rial, o *cosplay* de Homem-Aranha. Enquanto se aproxima do fim a maior disrupção da história moderna e que demandou mais de 500 anos. A da Igreja Católica Apostólica Romana.

O dia em que Orkut Büyükkökten veio ao Brasil pela segunda vez. Até hoje não consegue entender o amor que os brasileiros tinham por sua rede social. E depois de se arrebentar na porta de um armário, Arianna Huffington ensina as pessoas a viver melhor.

E a triste despedida de Anthony Bourdain, no exato momento em que a mais aclamada escola de culinária do mundo chega à Vila Mada, SP, BR.

Trump e sua Assinatura

Um dia o mundo amanheceu tentando entender o que existia de sincero, real e verdadeiro no aperto de mão de dois malucos, irresponsáveis, truculentos e inconsequentes: Donald Trump e King Jong-un.

Recentemente, em manifestação nos Estados Unidos, Trump confessou que King está apaixonado por ele... Será? De qualquer maneira, o novo casal da política mundial vem ocupando as primeiras páginas de milhares de jornais em todo o mundo, mais horas e horas das principais emissoras de televisão, mais redes sociais, mais todas as *e-news* e muito e muito mais.

Assim, é absolutamente impossível quantificar o impacto daquele primeiro aperto de mão. Em valor de mídia, centenas de milhões de dólares... Li a declaração. Absolutamente formal, quatro ou cinco parágrafos de manifestação de intenções e generalidades. Nada além disso...

De qualquer maneira, e se Deus e o diabo encontram-se nos detalhes, não há como ignorar um pequeno e fantástico detalhe que caracteriza as aparições públicas de Trump, desde o primeiro dia de seu mandato.

Invariavelmente sentando na posição central de uma mesa, e sempre, em todas as solenidades e reuniões, uma mesma cena final se repete. Trump, exibindo, além de sua vermelhidão, de seu topete e de suas expressões, uma imponente caneta preta.

E tudo milimetricamente calculado, na dimensão exata, para que, a cada final de ato, coletiva, entrevista, ao final sempre apareça uma mesma pasta preta, que Trump, empunhando sua imponente caneta, assine um suposto e qualquer documento na frente de todos... E depois, olhando fixo para as câmeras do mundo, vira a pasta preta e exibe sua megablaster exponencial e inesquecível assinatura.

Simplesmente irretocável, precisa, clara, harmônica, não me lembro de ter visto nada parecido ou semelhante em todo os meus 50 anos de marketing. Imagino que todos os dias antes de sair para o trabalho, logo após o café, Trump treine umas cinquenta vezes sua absurda assinatura.

Isso posto, a logomarca Trump sintetiza-se na soma de seu corpanzil, no paletó aberto, olhar impositivo e sem qualquer manifestação de compromisso, a vermelhidão do rosto, o topete, o olhar de menosprezo, desapreço e tédio, e muito especialmente, coroando todo o ritual, a assinatura.

Em termos de ativação de seu processo de *branding*, de emissão de sinais e códigos de comunicação, 10! A câmera foca Trump, fecha em suas mãos enquanto assina, a câmera abre, Trump olha, gira a pasta preta e exibe ao mundo... sua monumental assinatura. Tudo em quase cinco segundos. E volta os olhos para o mundo, esboço de sorriso dissimulado, reiterando no movimento sutil dos lábios e em perfeita sincronia com as bochechas, seu imenso desprezo por todos os demais seres humanos. Até mesmo pela forma como trata e ainda se refere a muitas das pessoas da sua própria família.

A câmera quer fugir e tirá-lo do foco, mas impede com um rápido movimento de mãos. Mantém o olhar fixo para os milhões que estão do outro lado da câmera, em todas as partes do mundo, como a dizer: viram... eu sou, eu posso, eu faço... jamais duvidem de que eu seja capaz.

Acho Trump uma piada. Já a sua assinatura, o máximo! Quase como se fosse o acorde final da *Rhapsody in Blue*, dos irmãos George e Ira Gershwin...

E você, sua empresa, produtos e serviços cuidaram de um último acorde, de um derradeiro sinal ou código de comunicação, que prolongue sua presença mesmo depois de ter se retirado? Se sim, parabéns! Caso contrário, mais que recomendo.

Todo o restante jamais referencie-se em Donald Trump.

Os Sapatos Vermelhos de Dorothy

Demorou, mas conseguiu-se!

Semanas atrás os admiradores e fãs do Mágico de Oz comemoraram. Depois de 13 anos, o FBI, finalmente, conseguiu resgatar os sapatos vermelhos de Dorothy, utilizados por Judy Garland no filme. Sapatos esses roubados em agosto de 2005, por um ladrão que entrou por uma janela do Museu Judy Garland, localizado em Grand Rapids, em Minnesota, EUA.

Manifestações de todo o mundo pelo resgate dos sapatos vermelhos e pelo que representa neste exato momento de disrupção ampla, geral e irrestrita. Onde milhões de pessoas, em meio ao turbilhão que vivemos, adorariam ter um par de sapatos vermelhos com os poderes dos de Dorothy.

Não sei se vocês se recordam, o filme começa em preto e branco e vem um tornado. Quando Dorothy acorda, o filme já é colorido e, surpresa, tem em seus pés os sapatos vermelhos.

No filme do emblemático ano de 1939, para o mundo – início da Segunda Grande Guerra e da filmagem de três dos mais aclamados filmes de todos os tempos: O *Magico de Oz*, *O Vento Levou* e *No Tempo das Diligências* –, ao sair do furacão, Dorothy desperta na colorida e iluminada Terra de Oz. Em seus pés, os sapatos vermelhos, que deveriam ser utilizados diante de alguma emergência ou eventualidade. Era suficiente o bater por três vezes dos calcanhares dos pés com o sapatinho vermelho e dizer, em voz alta: "Não há lugar como nossa casa...".

O que milhões de pessoas gostariam de ter e fazer hoje, agora, já: sapatos vermelhos capazes de garantir um desejado regresso à velha e boa casa, ao passado e ao mundo de ontem... Parando o mundo para que descessem, ou até mesmo e idealmente, engatando uma ré no mundo e retornando aos anos 1930, 1940, 1950... Impossibilidade absoluta.

Neste exato momento, em que começa o segundo tempo ou ato da história da humanidade, temos que nos decidir. Ou ser *perennials* ou *ephemerals*. *Ephemerals* é relaxar e gozar, como disse certa vez a ex-senadora Marta Suplicy. Acreditar que viemos a este mundo para tirar proveito, nos divertir, exaurir todos os recursos, e na partida não nos esquecermos de apertar o botão "F" para todos os demais que permanecerem por aqui.

Ser *perennials* é preocupar-se com o legado. Com a obra construída e com a contribuição, por menor que seja dada à humanidade. Não se trata de vaidade. Apenas de morrer e partir, verdadeiramente, em paz.

O sapatinho vermelho de Dorothy felizmente foi resgatado, só existe um, e agora permanece trancado a duzentas chaves no lugar de onde jamais deveria ter saído. No museu Judy Garland.

Assim, trate de calçar um tênis confortável e corra atrás do seu legado. Tenho certeza de que, entre ser *ephemeral* ou *perennial*, sua alternativa é despedir-se com a consciência tranquila não só de não ter detonado o que o mundo levou milênios para construir, como também de ter dado, por menor que seja, a sua contribuição. Ter deixado um legado.

E se quiser partir e despedir-se, *perennial*, de forma mais coloquial, descontraída e inspiradora, o tênis, além de muito confortável, pode ser vermelho! Por que não!

Legado

Na primeira vez que Drucker foi ao Japão, atrás da arte japonesa, um artista perguntou para o mestre qual o legado que pretendia deixar. Não conseguiu pensar em outra coisa, até o final da viagem, de sua vida, e deixou um legado monumental. Mudou a história das empresas, dos profissionais, dos negócios. Para melhor, para muito melhor. Deu uma contribuição inestimável para um mundo socialmente mais justo.

Legado. Por que só depois? Por que não durante? Por que não pensar antes?

Mais que emocionante constatar-se bilionários e milionários, empresários lembrando-se que são finitos e que é importante não apenas preocupar-se com o legado, mas começar a realizá-lo em vida.

Foi o que aconteceu com Warren Buffett e com Bill e Melinda Gates, parece que está acontecendo com Jorge Paulo Lemann e seus dois sócios e o que vem manifestando com muita insistência, de anos para cá, um dos líderes da colônia judaica no Brasil, o todo-poderoso da Cyrela, Elie Horn.

Lembro que décadas atrás, consciente da importância de fazer durante e não depois, Amador Aguiar teve a iniciativa de criar sua Fundação Bradesco em 1956, 14 anos depois do nascimento do banco e no momento em que ainda o banco era apenas uma promessa.

Em 1962, já tinha uma primeira escola na Cidade de Deus. E fechou o ano de 2017 com aproximadamente 100 mil alunos em todo o Brasil, com uma taxa de aprovação próxima de 95%.

Amador Aguiar, Lázaro de Melo Brandão e seus companheiros acreditavam que o legado se constrói na trajetória, simultaneamente ao crescimento, ao sucesso e à prosperidade. Ou seja, é possível fazer no durante. Não precisa esperar para o depois. De qualquer maneira, melhor fazer em qualquer momento. E não só se lembrar na véspera e quando chegou a hora de partir.

Em entrevista recente para a *Folha de S.Paulo*, Elie Horn, 75 anos, manifesta sua decisão de reservar o tempo que lhe resta da vida para acelerar a construção de seu legado. "Quero chacoalhar a sociedade", disse a Eliane Trindade, da *Folha*. E completou: "Faz 20 anos que me decidi. Quero ser rico na eternidade. São valores familiares, judaicos, de não trabalhar só para si, de devolver à sociedade... Ou você escraviza o dinheiro, ou é escravizado. Se ajudar alguém, você escravizou o dinheiro. Se deixar para usufruir o luxo, é escravo".

Isso posto, queridos amigos empresários que me honram e me acompanham com a leitura do *Marketing Trends 2020*, não deixem o legado para depois. Pensem no seu negócio de hoje já considerando o legado, e em todos os novos negócios que ainda pensam fazer, desde as primeiras reuniões, desde a discussão das hipóteses, e construam o planejamento inicial, já com o legado previsto e presente.

Como um dia Amador Aguiar e Lázaro de Melo Brandão, enquanto tomavam café e conversavam numa padaria da cidade de Marília, no início do ano de 1943, e enquanto davam os últimos retoques em seu projeto de vida. Um banco. E que, assim que fosse possível e com parte dos lucros, teriam uma fundação para cuidar do ensino de milhares de jovens brasileiros.

Não deixaram o legado para depois. Era tudo o que planejaram ainda e quando o Bradesco era apenas uma folha de papel... Um sonho a se realizar.

Sergio Rial, um Banqueiro Circunstancial

Não fosse uma mulher, Sergio Rial jamais seria o comandante de um dos três maiores bancos privados do país.

Formado em direito pela Universidade Federal do Rio de Janeiro e em economia na Gama Filho, tem toda uma formação no mercado financeiro, onde trabalhou por 18 anos no ABN Amro e ainda mais dois anos no Bear Stearns de New York City. E a partir daí desistiu do mercado financeiro e foi para a indústria.

De 2004 a 2012, faz carreira na Cargill, é indicado pelo conselho de administração da Seara e assume a posição de CEO da Seara Foods. Em 2014, a presidência da Marfrig, e em 2015 é convencido por Ana Patricia Botín, a toda-poderosa do Santander, a retornar ao mercado financeiro e assumir a posição de CEO do banco em janeiro de 2016. Dois anos depois, na festa de Natal do banco, dezembro de 2017, desce por uma corda vestido de Homem-Aranha. Não consigo imaginar, naquele momento, Roberto Setubal ou o Trabuco fazendo o mesmo.

Rial é estranho, diferente, verdadeiro. Em palestra realizada no mês de março de 2018, para o Grupo Mulheres do Brasil, fez confissões pouco convencionais. Disse-se covarde por ter deixado o banco onde trabalhou durante 20 anos, o Real ABN Amro. "Deixei muita gente que ficou até o final do processo de venda do banco pulando do barco... olhando para trás, vejo que cheguei à praia, mas muita gente morreu no mar." Ou, na mesma palestra, quando confessa: "Sai do Brasil muito cedo, em 1988, e fiquei 25 anos fora... boa parte da razão dessa saída, além da missão profissional, também era uma fuga...".

Esse é Rial, o escolhido por Ana Patricia Botín. O mais diferente dos comandantes de bancos em nosso país. Faz-se presente em edição da revista *Época Negócios*, de número 140, e volta a surpreender. Ou reiterar, ser diferente.

Bradesco e Itaú plantaram suas sementes de futuro na Avenida Paulista. Santander no centro velho, com seu Farol Santander. Onde um dia foi o Banespa. Santander faz parceria com a São Paulo Fashion Week. Rial explica: "A moda faz parte de uma equação maior, da economia criativa. Existe toda uma cadeia – costureiras, maquiadores, escolas, criação, design...".

Época Negócios provoca... "A estratégia do Santander como Farol é diferente do Bradesco e do Itaú, que optaram por espaços abertos dedicados à inovação e *startups*...".

Rial: "Em verdade, e até agora, nenhuma empresa encontrou o modelo certo no processo de inovação. Da IBM à Microsoft, todos procuram seu modelo. No que nos toca, Santander, acredito que a transformação tecnológica passa pelas pessoas e pela transformação cultural. E transformação cultural não é no paralelo, é no epicentro... é mais difícil, custa mais, mas é onde se vencem todas as resistências...".

Rial acredita que para evoluir é necessário contrariar um traço característico do brasileiro que detesta e foge de conflitos... "O conflito não significa falta de respeito, mas, simplesmente, vamos debater, vamos discutir. Em paralelo é preciso desconstruir os organogramas clássicos. Estruturas verticais adequadas às decisões técnicas, mas ineficazes em questões mais abrangentes..."

E sobre o Brasil, o *cosplay* de homem aranha por um momento e numa linda festa, disse: "O Brasil é hoje um conjunto de privilégios e ninguém revela-se disposto a abrir mão. Todos têm explicações e justificativas razoáveis. Mas acontece que as contas não fecham. Seja qual for o novo presidente [a entrevista foi antes da eleição], todos terão", enfatizou Rial, "que ceder. É o que acontece em momentos de concertação...".

Assim, amigos, um líder de um banco absolutamente diferente. Na pior das hipóteses, mais divertido, irreverente, questionador e trilhando caminhos que podem levar ao futuro, diferente dos dois principais bancos privados do país. O tempo dirá.

500 Anos de Disrupção

O maior país católico do mundo a caminho acelerado e irreversível da perda de duas supremacias. De ser o maior país católico do mundo e de ter no catolicismo a religião da preferência da maioria de sua população.

Impossível para alguns, improvável para outros, hoje todos sabem inexorável. E acontece agora, 500 anos depois, porque as religiões evangélicas apostaram na televisão e a católica só se decidiu quando já era tarde demais. Caso contrário, talvez fossem necessários entre 100 e 200 anos mais.

O processo de disrupção começou há mais de 500 anos, quando um padre da Alemanha, Lutero, aproveitando-se da descoberta de Gutenberg, pôde disseminar sua revolta e denunciar os graves crimes que aconteciam no Vaticano impresso. Hoje, para cada dez programas evangélicos na TV, exagerando e no máximo, um católico. Assim, se os registros estatísticos continuarem apresentando em suas curvas o mesmo comportamento dos últimos anos, a data marcada é 2035. Quando a Igreja Católica Apostólica Romana perde sua liderança na crença e preferência dos habitantes do Brasil.

Até o Censo de 2010, era claro que isso, lá pela metade do século, iria acontecer. No entanto, a ascensão dos evangélicos e a queda do catolicismo aceleraram-se. E assim, em vez de perder 1% de seus fiéis por ano, o catolicismo perde agora entre 1,1% e 1,2%.

Em entrevista para o jornal *Valor Econômico*, o demógrafo José Eustáquio Diniz Alves, da Escola Nacional de Ciências Estatísticas do Instituto Brasileiro de Geografia e Estatística (IBGE), sentenciou: "Possivelmente, entre 10 e 15 anos, o Brasil não terá mais a supremacia católica". E aí, Ricardo Lessa e o *Valor* foram conferir esses dados junto a algumas autoridades da Igreja Católica no país, principalmente seu sentimento em relação a esse fato e se corresponde a realidade que vivem no dia a dia. E quem se manifestou, para surpresa e perplexidade de todos diante do que disse, foi o cardeal Dom Sérgio da Rocha, presidente da Conferência Nacional dos Bispos do Brasil (CNBB), afirmando que na prática a situação é mais dramática do que os números do IBGE revelam.

"Esse não é o maior problema da Igreja Católica", afirma Dom Sérgio, "o que mais preocupa não são os que seguem Jesus em outras igrejas, mas os que se dizem católicos e não vivem como tal!" Afirmação confirmada pelo padre Valeriano dos Santos Correa, diretor da

Faculdade de Teologia da PUC-SP: "Menos de 10% dos já batizados frequentam as missas dominicais...".

Pior que a crise no Brasil do catolicismo, só a do Chile. E, por essa razão, a decisão do papa Francisco de não ter vindo ao Brasil por ocasião dos 300 anos da padroeira Nossa Senhora da Aparecida e ter optado pelo Chile. Lá os números são desesperadores. Segundo os institutos de pesquisa, a confiança na Igreja Católica, que era de 80% em 1996, despencou para 37% em 2017, muito especialmente em razão dos escândalos de pedofilia do padre Karadima, no ano de 2010.

Tem como fazer alguma coisa para reverter essa situação? Não, não tem. Até conseguir movimentar uma das maiores corporações do mundo, com ranços culturais de dois milênios, tudo o que as estatísticas sinalizam hoje terá mais que se confirmar. E aí, então, desde que os fiéis remanescentes decidam e queiram, tudo a fazer é tentar reposicionar a ICAR, respeitando suas crenças e propósitos, na tentativa dramática e de extrema dificuldade de resgatar o que anos atrás se denominava de rebanho...

Não era rebanho, eram pessoas de carne e osso, com muitas e muitas dores, sofrimentos e carências, que não se conformavam em ter que esperar a redenção só depois da morte... Queriam ser felizes aqui e agora. Nesta vida, e na Terra.

Assim, nesse ritmo, e 500 anos depois, aproxima-se do final o maior processo de disrupção da história. Em menos de duas décadas, a maior religião do Brasil converter-se-á numa religião de médio porte. E, se nada fizer, mais adiante numa religião de nicho.

Nada é para sempre.

Orkut

Em janeiro de 2019, o falecido Orkut, assassinado por seu dono Google, completaria 15 anos. Nasceu no dia 24 de janeiro de 2004. E mesmo com um *naming* péssimo, mais que adequado para remédio de azia, prevaleceu, porque único. Em poucos anos invadiu o mundo, muito especialmente o Brasil. Os brasileiros lideravam em presença na primeira das redes sociais relevantes.

No dia 30 de junho de 2014, dez anos, cinco meses e alguns dias depois, às 23h18, seu criador, dono e proprietário, anunciou ao mundo sua decisão de matar seu ex-filho pródigo, que só lhe causou problemas e sofrimentos e, principalmente, o estava desviando do caminho e fazendo perder o foco. Numa nota de uma única linha, dizia: "We will focus on YouTube, Blogger and Google+ services that have proven more popular". No dia 8 de outubro do ano passado, o Google assumiu sua incompetência crônica para redes sociais e matou sua segunda rede, o Google+.

Mas, voltando ao Orkut, no obituário terminava afirmando que a partir de setembro ia soltar o Orkut no ambiente digital, condenando-o a vagar pela digisfera para sempre.

Dois anos antes, em 2012, ficava mais que claro que o Orkut tinha perdido sua competição com o "Feice". Em 2018, o criador do Orkut veio ao Brasil pela segunda vez.

Orkut Büyükkökten, da cidade de Cônia, Turquia, 6 de fevereiro de 1975.

A primeira vez foi no ano de 2009, tentando entender por que os brasileiros adoravam tanto a rede social que criou. No ano passado, falando sobre a primeira vez, declarou: "Fiquei encantado em como todos eram amigáveis, receptivos, apaixonados, cheios de vida. Na verdade, eu já tinha alguns brasileiros trabalhando comigo no Orkut e esse já era meu sentimento... num determinado momento de minha rede social, 70% do total eram de brasileiros...".

Orkut veio ao Brasil no ano passado, tentando nos convencer a deixar o "Feice" e migrar para sua nova rede social, a Hello, que até agora não disse a que veio nem mereceu 1% da atenção que o Orkut teve 15 anos atrás. Hello!

Pergunta que não quer calar: em quanto tempo estaremos comentando sobre o fim do Facebook? Difícil responder, mas nem difícil nem improvável de acontecer.

Só para terminar e prestar as derradeiras homenagens da primeira das verdadeiramente relevantes redes sociais, o Orkut, na terça-feira 30 de setembro de 2014, converteu-se numa página especial, criada pelo Google, para vagar pela digisfera como se fosse o Museu da Primeira Rede Social do Mundo.

Todo o conteúdo publicado dentro das comunidades foi imortalizado nessa espécie de museu. No total, 51 milhões de comunidades. No Brasil, as cinco maiores comunidades foram, e continuam sendo, imortalizadas na página do museu,

1. Eu odeio acordar cedo, 6.106.962;

2. Te incomodo, que peeena!!!, 4.288.323;

3. Eu amo chocolate!, 3.987,555;

4. Deus me disse: desce e arrasa!, 3.537,870; e

5. Mulher não se pega, conquista!, 2.956.561.

As duas perguntas que não querem calar:

1ª. Em quanto tempo estaremos falando sobre o obituário do Facebook?

2ª. Tentará o Google uma terceira rede social?

A Busca Pelo Equilíbrio

Respeitando nossas capacidades e limitações, aproveitando da forma melhor e mais eficaz o tempo, sendo absolutamente produtivos e nos preservando em termos de saúde e bem-estar, esta é a busca permanente pelo equilíbrio que todos temos que perseguir e alcançar, entre nossa vida social e familiar e o trabalho.

Para tratar desse assunto recorro a uma autoridade circunstancial, que certo dia, às vésperas de um colapso, arrebentou-se contra a porta do armário de seu quarto, quando se levantou à noite para beber água.

À empresária grega-estadunidense Arianna Huffington, a fundadora do Huffington Post.

Sua causa é *Thrive*! Prosperar, florescer, vicejar.

Arianna nasceu em Atenas, Grécia, no dia 15 de julho de 1950 – Arianna Stassinópulos.

Filha de Konstantinos e Elli, mudou-se para a Inglaterra aos 16 anos, estudou na Universidade de Cambridge, publicou um primeiro livro em 1973, *The Female Woman* – um libelo contra o movimento de emancipação feminina. Mais adiante se mudou para os Estados Unidos.

Numa festa do Partido Republicano conheceu Michael Huffington, amigo da família Bush, com quem se casou em 1986. Com Michael teve duas filhas, Christina e Isabella. Divorciaram-se em 1997 e, no ano seguinte, Michael assumiu sua bissexualidade.

Em paralelo a sua vida familiar, uma vida intensa no jornalismo e na política, chegando inclusive a candidatar-se de forma independente ao governo da Califórnia.

Em maio de 2005, lançou seu blog The Huffington Post, mudou sua vida, mudou para melhor o nascente jornalismo digital e trouxe uma luz de esperança para jornais e revistas do mundo inteiro. Esperança de sobrevivência. Arianna Huffington.

Enquanto isso uma palavrinha andava solta pelo mundo e flexionada, cada vez mais, pelos jovens, e não tão jovens, inconformados com a absoluta falta de qualidade em suas vidas.

Mais que cansados das cenouras, dos chicotes e dos bônus descomunais e sem o menor sentido.

Thrive. Esta era a palavra.

Todos mais que querendo prosperar, florescer, vicejar, desenvolver-se, mas natural e comedidamente, com tempo para a felicidade.

Thrive é o título do livro, proposta, recomendação de Arianna. Publicado nos Estados Unidos e no Brasil em 2014.

Não se fala em outra coisa.

Arianna diz que é a hora de darmos o devido valor à nossa intuição:

"Ainda que não tenhamos chegado a nenhuma encruzilhada e não sabendo exatamente o que fazer, sempre procuramos e contamos com aquela voz que existe dentro de nós, lendo tudo o que está acontecendo e insistindo em nos orientar sobre o que fazer – nossa intuição".

Mas será que estamos dando a devida atenção?
Vivemos uma vida que nos permita contar com nossa intuição?

"Valorizar e fortalecer nossa intuição e fazer uso de toda a sabedoria que traz talvez seja a melhor maneira de crescer, no trabalho e na vida."

Tudo começou em 2007, quando Arianna literalmente despencou.

Além de cuidar do The Huffington Post, das duas filhas, mais eventos, entrevistas, conferências, dormindo quatro horas por noite, um dia literalmente perdeu a direção, os sentidos, e arrebentou seu rosto na porta do armário.

Desde então mudou sua vida. Férias regulares, smartphones desligados à noite e muitos minutos para meditação.

Muito antes de dinheiro e sucesso, Arianna recomenda que todos, muito especialmente as mulheres que mergulharam numa corrida alucinada em busca de sucesso e reconhecimento profissional, considerem o que querem deixar quando partirem.

Apenas isso. E redefinam suas vidas tendo como ponto de partida a resposta a essa pergunta. O legado.

Depois disso, em pouco tempo, redescobrirão a importância e o valor da intuição. Voltarão a ouvir aquela voz interior que é quem melhor cuida de nós e nos orienta.

Meses atrás, Arianna foi uma das principais palestrantes da NRF – o grande evento de varejo que todo ano se realiza no início de janeiro na cidade de Nova York.

Aplaudida de pé, recomendou aos presentes suas quatro dicas de produtividade:

1. COLOQUE O SEU BEM-ESTAR EM PRIMEIRO LUGAR – "Os dados comprovam: quando cuidamos mais de nós mesmos, tomamos as melhores decisões e nos tornamos mais inovadores".

"Meu objetivo, com a Thrive Global, e também com meus livros, é ajudar as pessoas a fazer pequenas mudanças que vão colocá-las no caminho certo, menos plugado e com mais energia. Mude já. Comece o dia profissional listando três coisas pelas quais está grato. Faça pausas silenciosas no meio do trabalho. Realize reuniões sem nenhum aparelho por perto. Parece pouco, mas não é."

2. **CUIDE DE VOCÊ COMO CUIDA DO SMARTPHONE** – "Hoje cuidamos melhor dos nossos smartphones do que de nós mesmos. Tenho certeza de que todo mundo aqui sabe exatamente quanto o seu celular tem de bateria e já está de olho em um lugar para recarregar o aparelho. Mas as pessoas estão acostumadas a andar por aí sem bateria nenhuma, sem energia nenhuma. E achar que isso é normal. E não fazer absolutamente nada para recarregar. Se você cuidar de si mesmo tão bem quanto cuida do seu smartphone, sua vida vai melhorar. E sua capacidade de tomar decisões também."

3. **NÃO ESTEJA DISPONÍVEL O TEMPO TODO** – "Achar que precisa estar sempre ligado para fazer sucesso é um equívoco. O ser humano precisa desligar do trabalho para se recarregar. Ficar alerta o tempo todo, responder a e-mails, mensagens e posts imediatamente, mostrar-se disponível para o mundo 24 horas por dia é o caminho mais curto para um burnout. Eu estimulo as pessoas a desligar o celular e deixar as pessoas imaginarem o que estão fazendo. Assim elas vão saber que você tem muitas coisas interessantes acontecendo na sua vida."

4. **DESCONECTE-SE ANTES DE DORMIR** – "Nada de telas na cama, de nenhum tipo. Trinta minutos antes de dormir, desligue tudo – e se desligue. Ao final do dia, seu cérebro está hiperativo, precisa de uma transição para chegar ao sono. Dê isso a ele. Nunca, em hipótese nenhuma, leve o telefone para a cama. Jamais. Ele vai te tirar o sono, vai te fazer acordar de madrugada e vai estragar o começo do seu dia."

Pense bem: o seu smartphone é o repositório das coisas que todo mundo quer de você. Tudo que te causa estresse está lá. Em vez de começar o dia com isso, comece cada manhã pensando no que quer para você.

E finaliza, lembrando: "É você que determina sua própria agenda, e não os outros".

Anthony Bourdain

José Hugo Celidônio, querido amigo e grande chef, partiu. Trabalhamos juntos de 1978 a 1980, na Carta Editorial. Eu como *publisher*, e o saudoso Zé Hugo como editor da revista *Gourmet* e das seções de culinária de *Vogue* e *Casa Vogue*. Que descanse em paz quem nos celebrou com refeições magníficas, regadas a ótimos vinhos, histórias e conversas memoráveis.

Recentemente, outro grande e notável chef também partiu. Não de morte natural. Anthony Bourdain, o 11º dentre os maiores chefs de cozinha do mundo a cometer suicídio nos últimos dez anos. Todos estrelados do *Michelin*. Bourdain tornou-se muito conhecido em nosso país, pelas suas participações encantadoras em um dos muitos programas de culinária que não param de invadir a televisão de todo o mundo.

A respeito de sua morte, no dia seguinte ao passamento, postei o seguinte comentário:

"Nos últimos dez anos, dez dos principais chefs de cozinha cometeram suicídio. Ontem foi a vez do 11º, Anthony Bourdain. Mais que chef, um iconoclasta. Josimar Melo, crítico da *Folha de S.Paulo* valorizava mais seu humor e o quanto contribuiu para o reconhecimento da cozinha de qualidade do que seu desempenho na cozinha: 'Era um chef sem brilho...'".

Cá entre nós, os críticos são invejosos e lamentáveis... Bourdain escancarou a loucura e os desatinos que comete parcela expressiva dos grandes chefs, ou o que se passa nas áreas de serviços, anexos e quartos contíguos às cozinhas...

Dizia: "Vivíamos pirados de manhã à noite e, sempre que dava uma brecha, íamos até o almoxarifado formular conceitos... dificilmente qualquer decisão era tomada sem o apoio de drogas... maconha, barbitúricos, cocaína, LSD, cogumelos alucinógenos embebidos em mel, seconal, tuinal, bolinha, codeína, heroína...".

Nos últimos anos, eu, Madia, tenho escrito e comentado muito sobre restaurantes, donos e chefs de cozinha. Dentre todas as profissões, em meu entendimento, a mais desafiadora e alucinante. Uma profissão quase impossível... Magnificamente descrita por Bourdain:

"Ser chef é muito como ser um controlador de tráfego aéreo, sempre na iminência de um terrível desastre".

Anthony Bourdain (1956-2018) enforcou-se numa sexta-feira num quarto de hotel em Estrasburgo, França. RIP, Anthony. Não obstante tudo isso, o ano de sua morte marcou a chegada ao Brasil de tradicional escola de culinária, pelas mãos e sociedade com o grupo Anima: Le Cordon Bleu.

Assim, neste comentário, mais algumas informações daquela que, em meu entendimento, e repetindo, é a profissão mais desgastante, arriscada, tensa e ensandecedora dentre todas, a de chef de cozinha! E ainda: depois que alcançam o sucesso, para piorar, além de comandar a cozinha, convertem-se em donos dos restaurantes. Aí é que tudo se torna insuportável e desesperador...

Mas vamos a alguns dados da Cordon Bleu, não obstante o recorde de suicídios da e na profissão.

Hoje a tradicional escola encontra-se presente em 20 países. Só chegou ao Brasil no ano de número 123 desde sua fundação. No ano passado, o total de alunos no conjunto das escolas pelo mundo foi de 27.724. A escola começa num campus construído especificamente para essa finalidade na Vila Madalena, ocupando 1.700 metros quadrados. São sete cozinhas profissionais, comportando 16 alunos cada turma. A duração das aulas é de seis horas, sob o comando de um chef, mais um assistente e um lavador de pratos. As aulas são divididas em duas partes. Na primeira, as explicações e receitas. Na segunda, a prática. Executam uma das receitas entre as que aprenderam naquele dia. O curso dura nove meses e custa R$ 141.600. no valor já estão incluídos três uniformes e um kit de utensílios.

Não obstante o índice de sinistralidade da profissão, mais e muitas pessoas querem cozinhar para si, para os outros, e fazer dessa atividade seu sentido de vida. Assim somos e para isso viemos. Correr atrás de nossos sonhos. Como nos ensinou o maior dentre todos os poetas, Fernando Pessoa: "Matar o sonho é matarmo-nos. É mutilar a nossa alma. O sonho é o que temos de realmente nosso, de impenetravelmente e inexpugnavelmente nosso".

Ou ainda, se preferirem, e também do maior dos poetas, Fernando Pessoa: "Alguns têm na vida um grande sonho e faltam a esse sonho. Outros não têm na vida nenhum sonho, e faltam a esse, também".

8

Inovar é Preciso, Viver Não é Preciso

Agora tudo é *live*! Se não é *live*!, não é. O antigo e enferrujado marketing promocional assumiu o *live*! e vai ocupando a cena. E num ambiente *live*!, dia após dia cresce o número de empresas que, em busca da alegria, felicidade, integração, do *live*!, migra para espaços colaborativos. Como um WeWork. LIVE!

Com o comércio eletrônico, as lojas de brinquedos foram se despedindo. Agora, só nas lembranças e nos filmes. E o Chester é de verdade, ou ficção? Comunicação de péssima qualidade dá nisso.

Felizmente, nem todos os loucos encontram-se internados. Malucos favoritos continuam produzindo obras monumentais e restauradoras da história, do bom gosto e do encantamento. Como vem fazendo há oito anos o Grupo Allard com o antigo Hospital Matarazzo. Vai mudar a história e a vida da cidade de São Paulo...

Nas empresas onde existe uma cultura de confiança, 74% menos de estresses, 50% a mais de produtividade e 56% a mais de felicidade com o próprio trabalho.

Quarenta anos depois, a volta da Orchestration, e as melhores e definitivas lições sobre marketing de serviços pela mais espetacular empresa nesse território: a Disney. Uma empresa que não tem clientes. Tem convidados! Como todas as empresas deveriam ser.

Live!

Eu disse *live*! E isso é tudo! Nunca conseguimos entender e sentir a dimensão e significado dessa palavra como nos dias em que vivemos. Vivo. Vida. Viva. Vivos. Vivendo intensamente e a todos os momentos numa recorrência infinita. "Infinita, como o amor, como nos ensinou Vinicius, infinita enquanto dure."

Sentimento, sensação, constatação, confirmação, reiteradas e infinitas vezes num correr de um dia, horas, minutos, pela existência e presença e mágica do ambiente digital. Pelo nascimento do quarto ambiente, a digisfera!

Não há nada o que substitua o ao vivo, o presencial, o *live*, o *live marketing*, momento sublime e único de encontro num mesmo lugar do emissor da mensagem, da mensagem, do mensageiro e do destinatário e receptor da mensagem. Todos ali, juntos, próximos, lado a lado, envolvidos em grande e total emoção, com todas as guardas baixas, resistências zero, querendo saber, ouvir, comentar, testar, divertir-se, ser feliz.

Live marketing é o marketing em estado de arte. É o *branded content* onde o *content* é o *brand*!

E toda essa introdução para refletir sobre um paradoxo. Nunca se valorizou e se teve tanto apreço pelo *live*, pelo ao vivo, presencialmente, como hoje. E nunca os teatros da cidade e do país estiveram tão vazios como se encontram agora.

É o tal do buraco no meio. A tecnologia nos oferece tantas alternativas de utilização de nosso tempo, que acaba não sobrando tempo para atividades que demandem esforço e deslocamento físico, devidamente agravadas pelo trânsito e falta de segurança, e concorrendo com o código *smart*, porta e entrada para infinitas alternativas de entretenimento, conhecimento, informação global, dentro do bolso ou da bolsa, na palma das mãos, prontos para serem acionados...

Por essa razão, com toda a autoridade que lhe conferem seus 90 anos de idade e 74 de palco, Fernanda Montenegro declarou recentemente, na *Folha de Paulo*: "O teatro é a essência de um país. Quando os palcos vão mal, o país vai mal. Aqui você vai aos palcos e vê o quê? Uma sobrevivência de devotos...".

É isso mesmo, Fernanda, é a crise da transição.

E de uma plateia, público, que por um bom tempo não se sentará mais na plateia, porque neste momento decidiu ocupar o palco. Deixou de permanecer olhando, admirando e aplaudindo para ser protagonista. Mas, um pouco mais adiante, certamente não mais para você e até mesmo para sua filha, os teatros voltarão a ter filas e ser, entre as alternativas de diversão e cultura, a mais valorizada entre todas.

O teatro, assim como o livro, será resgatado! Mesmo e porque, por tudo o que disse até aqui, o teatro, antes e acima de tudo, é *live*! E cá entre nós, sem que ninguém nos veja e ouça, existe manifestação individual que nos traga e dê maior felicidade que não seja o velho, bom, extraordinário, monumental, essencial, livro de papel? *Live* em todos os sentidos!

Vinicius dizia que "o uísque é o melhor amigo do homem, ele é o cachorro engarrafado". Mas tem quem não goste de uísque e não tem cachorro porque dá trabalho. Sem querer criar polêmica, proponho: "o livro é o melhor amigo do homem, é o cachorro encadernado". E, para os que gostam, com uma boa dose de uísque e um cachorro ao lado.

É isso, amigos. Paradoxos e loucuras de um tempo louco e paradoxal.

Saudosa Maloca

Maio de 2008. Adam Neumann e Miguel Mckelvey criam o Green Desk, um pequeno espaço de trabalho compartilhado no Brooklyn. Dois anos depois vendem o "verde" e decidem mergulhar de cabeça no "maduro". Nasce o WeWork no SoHo, em New York City. Ainda sob as fortes brisas, ou ventanias, da crise das hipotecas.

Empresas em processo de disrupção e reinvenção, mundo vertical se despedindo e dando origem ao horizontal, e pela crise das hipotecas importantes e generosos edifícios corporativos disponíveis.

Os órfãos da crise, desempregados, mais que desejosos de empreender. Individualmente, mas não solitários. Os dois decidiram aproximar, na ilha de Manhattan, espaços vazios e milhares de freelancers... E deu no que deu...

Investidores, com dinheiro vazando pelo ladrão, se encantaram e apostaram de forma desproporcional e pródiga, dezenas de bilhões no WeWork. Só o Softbank injetou US$ 10 bilhões.

Depois de uma visita de dez minutos que Masayoshi Son, o todo-poderoso do banco, fez às instalações do WeWork de Nova York, e uma carona que recebeu de Adam até o Kennedy Airport. No fio de bigode, ou num "paper" rabiscado no tablet e enviado por smartphone... Minutos depois US$ 10 bilhões na conta.

2018. Dez anos depois do Green Desk e oito desde o início do WeWork. Com planos individuais que começam em R$ 800, e vão saltando dependendo do agregado de serviços, e em dois anos de Brasil, o WeWork fecha 2018 com 14 unidades utilizadas por 15 mil pessoas.

Sua chegada ao nosso país foi saudada com foguetórios pelas incorporadoras, que não sabiam o que fazer com seus prédios corporativos lançados antes, e prontos em meio à mais terrível crise do mercado imobiliário do país. A tal da sorte dos iniciantes e salvação dos imprevidentes.

2019. Além de dobrar de tamanho onde já se encontra, o WeWork pretende fincar bandeira e espaços em Brasília, Porto Alegre e Curitiba.

Em termos de metragem, até meados de 2018, a WeWork já era responsável pela ocupação de 72 mil metros quadrados na cidade de São Paulo e 19 mil metros quadrados no Rio de Janeiro. No mundo, em oito anos, a WeWork já contabiliza 287 endereços, espalhados por 77 cidades, 23 países, e 270 mil pessoas. Em dezembro passado, segundo dados da própria empresa, 400 mil usuários, 83 cidades e 27 países. Com uma taxa de ocupação mínima de 85%.

Nos Estados Unidos, a WeWork lança uma primeira subsidiária. A We Live! Moradias compartilhadas. Começando por Nova York e por Arlington, na Virginia.

Como dizia Lavoisier, "no mundo nada se cria, tudo se transforma". Como corrigiu Chacrinha, "no mundo nada se cria, tudo se copia". Como dizem nossos avós, sempre se volta ao passado. E como dizia o Conde de Lampedusa, "é preciso que tudo mude para que tudo permaneça como está...".

Assim, guardadas as devidas proporções, com todos os agregados de modernidade e tecnologia, decoração e *gadgets*, mais serviços, o WeWork não passa dos velhos e bons galpões de trabalho e o We Live, dos velhos e bons cortiços.

Lembra Adoniram, *Saudosa Maloca*. "Dim-dim donde nós passemos os dias feliz de nossas vidas..."

Tá tudo de volta. Só que agora é moderno... ou, como dizem os datados, "um charme".

A Última Loja de Brinquedos

Na verdade a Toys "R" Us não era uma única loja. Eram centenas, milhares. Durante décadas deu vida aos sonhos das crianças oferecendo brinquedos de todos os tipos, preços e dimensões. Entre todas as lojas, a mais visitada no mês de dezembro para a compra dos presentes.

Sintomas que os brinquedos convencionais iam perdendo espaço nos quartos, vidas e horas das crianças, aceleraram-se nos últimos anos. Na virada dos 1970, os videogames começaram a roubar atenção e horas de diversões dos baixinhos. Mais adiante vieram os tablets com centenas de games dentro. E mais recentemente a ocupação de todo o espaço pelos smartphones.

A mais emblemática de todas as lojas de brinquedos dos Estados Unidos, a Fao Schwarz, às portas do Central Park em Nova York, já não emocionava essas novas crianças, mais interessadas nos eletrônicos, e encerrou suas atividades numa quarta-feira de julho de 2015, tendo em sua frente, testemunhando sua decadência, uma das mais emblemáticas lojas da Apple com filas descomunais na porta.

Resta sua presença em filmes como *Poderosa Afrodite*, de Woody Allen, e muito especialmente no filme *Quero ser Grande*, com Tom Hanks, e onde crianças tocavam piano no formato tapete e com os pés.

Na segunda semana de março de 2018, finalmente chegou a hora da partida da rede de brinquedos Toys "R" Us. Seis meses depois, não resistindo mais, setembro de 2018, jogou a toalha e pediu concordata. A ultima esperança eram as vendas do fim do ano. Foram pífias.

A Toy "R" Us, nos tempos de prosperidade, onde crianças brincavam de carrinhos e bonecas, chegou a ter mais de duas mil lojas. Com seu jingle em que dizia "Não quero crescer, sou uma criança", Toy "R" Us tomou conta do coração dos baixinhos e famílias americanos. E sua girafa ícone, Geofrey, agora só habita a lembrança e o imaginário de todas as mesmas crianças americanas, enquanto passam horas com seus tablets e games.

Mas, na verdade mesmo, o golpe mortal contra o varejo de brinquedos foi perpetrado pelo comércio eletrônico. Todos os milhares de lojas que só vendem brinquedos pela internet, muito especialmente a Amazon com seu *market place*. O golpe que determinou a morte da última loja de brinquedos.

Segue a vida. E a situação no Brasil não é diferente.

A Ri Happy, fundada em 1988 pelo pediatra Ricardo Sayon, líder no varejo de brinquedos e comprada em 2012 pelo fundo americano de *private equity* Carlyle, que meses depois comprou a PBKids, somando as duas redes, segue crescendo, aumentando seu número de lojas, mas, na tentativa de sobrevivência, reposicionando-se, simultaneamente.

Os brinquedos, dia após dia, vão perdendo espaço para artigos voltados para bebês, que, segundo o instituto Euromonitor, é um mercado aproximando-se de R$ 12 bilhões, enquanto o de brinquedos parou nos R$ 4 bilhões.

Ou seja, mesmo que sobrevivam e prosperem as investidas e investimentos do Carlyle, esse novo varejo em que está se convertendo a Ri Happy é um bicho totalmente novo, um cruzamento da antiga Ri Happy com uma Alô Bebê.

Assim, as lojas de brinquedos, tal como conhecemos, são lembranças de um passado não tão distante. O ciclo encerrou-se. Mas foi bom, muito bom, ótimo mesmo, enquanto durou.

Síndrome de Chester

Você sabe o que é? Lá atrás, durante alguns anos, repetia-se a mesma cena no Natal. Na Sadia, quando ainda não moravam numa mesma casa chamada BRF, era alegria só. Na Perdigão, um clima de velório. A Sadia tinha o peru!

E reinava no mês de dezembro e nos lares brasileiros com o seu mais que famoso e reputado Peru Sadia, claro, e tendo na sequência, e como sobremesa ou para acompanhar o café, o panetone da Bauducco. E assim seguiam os natais brasileiros.

Num dia, cansado das lamúrias natalinas, Saul Brandalise Jr. decidiu buscar uma alternativa. Entre seus técnicos escolheu os dois melhores e mandou dar uma varrida no que de mais revolucionário existisse no território das penosas, nos Estados Unidos.

No bagageiro dos aviões da Varig trouxeram 11 linhagens da galinha escocesa, imediatamente internalizadas na avícola Passo da Felicidade, em Tangará, interior de Santa Catarina. Tudo sob o maior sigilo. E em meio a uma reserva de araucárias. Três anos de pesquisas, simulações, testes e mais testes...

No Natal de 1982, debutou o Chester – de peito – da Perdigão. Uma espécie de Jojo Todynho da época. Mais adiante copiado pela Sadia, e hoje as duas moram numa mesma casa e empresa.

Agora, em dupla, insistem em dizer que não se trata de frangos anabolizados. O segredo está exclusivamente na alimentação. Criados à base de milho e soja, evitando ao máximo a presença de gordura. Mais peso e menos gordura. Porém, como a Perdigão fraquejou na comunicação no lançamento... até hoje as pessoas continuam não acreditando na mágica.

E multiplicam-se as indagações: "Você já viu um Chester vivo?" Será que no Natal que se aproxima as empresas voltarão a jurar que é de verdade, que não é um frango ciborgue?

Pior ainda, além das dúvidas e diante das proezas de qualquer outro produto de outra categoria qualquer, vão logo dizendo "esse aí é um Chester..." Virou designação genérica de trambique.

Pegou! Todas as vezes que um produto oferece vantagens e argumentos desproporcionais, que colocam as pessoas na retranca, costuma-se batizar essa patologia como síndrome de Chester.

E que é o que ocorre, repito, com a ave Chester, agora exclusividade da BRF, em todos os fins de ano. Até hoje, não obstante todas as campanhas, as pessoas continuam não acreditando no que veem e têm certeza tratar-se de um frango bombado, anabolizado, à base da química.

E aí volta a BRF, como acabou de fazer no Natal passado, com campanha publicitária tentando desmistificar, recordando a origem da ave, e que não usa compostos químicos nenhum. Mas não adianta. Em situações como esta ou se planta certo no início, ou torna-se praticamente impossível corrigir. Pior que não comunicar é comunicar errado.

A Perdigão errou no lançamento, a Sadia piorou, e agora, mesma empresa que são, pagam por uma comunicação inicial incompetente. Praticamente impossível fazer as pessoas acreditarem que o bonitão Chester não é de plástico nem siliconado. Todos repetem que o Chester é o rei do botox! Lembra do Chacrinha? "Quem não se comunica se trumbica?".

Pois é, quem se comunica de forma incompleta, superficial, negligente e irresponsável, alimenta lendas. E, assim, não tem do que reclamar.

Quando o milagre é demais, e mal contado no início, nem o santo acredita. O que dizer então das pessoas comuns?

Homenagem aos Malucos Sobreviventes

O que seria o mundo, e do mundo, sem os malucos e sonhadores. Seguramente, um tédio.

Assim, no ano de 2011, o Grupo Allard, do empresário Alexandre Allard, comprou, da Caixa de Previdência dos Funcionários do Banco do Brasil, uma espécie de mico dourado.

Dourado porque um terreno de localização espetacular: Pamplona próximo da Paulista. Isso mesmo, aquele imóvel que você passou por lá diversas vezes e/ou nem mesmo reparou, ou ficou se perguntando o que seria aquilo...

E mico por ter em cima do terreno o Hospital Umberto Primo, também conhecido como Hospital Matarazzo, e ainda a maternidade Condessa Filomena Matarazzo e a Capela Santa Luzia.

Mico, não por essas referências e denominações e arquitetura, mas pelo fato de essas construções serem tombadas, o que exigiria uma contenda monumental com as autoridades para se conseguir o licenciamento para qualquer obra que fosse. "Só um desequilibrado mergulhará numa roubada de tamanha dimensão", muitos pensaram, alguns verbalizaram...

Mesmo assim, o maluco e sonhador Allard foi em frente e jamais jogou a toalha.

Agora, em 2019, quase nove depois do começo da epopeia, as primeiras obras do novo complexo serão declaradas completas, aprovadas, com habite-se, mudando por completo as características específicas da microrregião.

Só a capela, conforme matéria publicada recentemente pela *Veja SP*, teve que ser escorada por vigas descomunais, ficando suspensa no ar, a mais de 30 metros de altura durante anos...

Falando ao *Valor Econômico* sobre a aproximação das datas das primeiras inaugurações no complexo, o executivo responsável pela obra, Jacques Brault, disse e deu o tom: "Jamais nos preocupamos com o tempo. Apenas e exclusivamente com a excelência".

Incrível, raro, mas verdadeiro. Um pouco de como o mundo antigo e os negócios eram. Nos tempos em que a pressa era inimiga da perfeição...

E o que vai acontecer?

Numa área original onde existiam 33 mil metros construídos, quando concluída toda a obra serão 135 mil metros quadrados, portanto 100 mil metros a mais. Para compensar este aumento significativo de área construída, dez mil árvores serão plantadas, ao lado de mais todas as espécies da Mata Atlântica já existentes e que foram preservadas.

No local, um hotel seis estrelas da Rede Rosewood Hotels & Resorts, dezenas de lojas, restaurantes, mercado de orgânicos, teatro, centro cultural e as árvores preservadas, como num passe de mágica, integram um novo e emblemático parque da Mata Atlântica.

Sentado? No coração da cidade de São Paulo! O complexo agora pertence 55% à holding francesa Allard e 45% à holding chinesa

Chow Tai Fook Enterprises. E, entre as maiores curiosidades dos que aguardam pelo fim da obra, a conversão da legendária Maternidade Matarazzo num hotel, projetado por dois dos ícones da arquitetura e da decoração modernas: Jean Nouvel, arquitetura, e Philippe Starck, decoração.

Ainda bem que alguns malucos sobreviveram...

Rezo para que entre os *millenials* existam milhares de malucos como Alexandre Allard... É tudo o que o mundo precisa daqui para frente...

Ocitocina, o Hormônio do Sucesso

Primeiro, uma consulta à Wikipédia: "Ocitocina ou oxitocinona é um hormônio produzido pelo hipotálamo e armazenado na p90-hipófise posterior (neurohipófise) tendo como função: promover as contrações musculares uterinas; reduzir o sangramento durante o parto; estimular a libertação do leite materno; desenvolver apego e empatia entre pessoas; produzir parte do prazer do orgasmo; e modular a sensibilidade ao medo (do desconhecido)".

Agora vamos dar um pulinho até a Califórnia. Paul Zak dirige o centro de neurociência da Universidade de Claremont, na Califórnia. Vem dedicando muitos de seus anos e parcela expressiva de seu tempo via neurociência procurando decifrar o comportamento das pessoas nas empresas.

Em suas investigações concluiu uma espécie de decorrência ou consequência positiva de um ambiente de confiança. O mesmo que descobriu o Google no Projeto Aristóteles depois de dez anos de pesquisa. E o mesmo que vem implementando o indiano que hoje comanda com extraordinário sucesso a Microsoft, Satya Nadella.

Nas empresas onde prevalece a confiança entre todos os seus colaboradores existe um estímulo natural à produção de ocitocina: o hormônio que faz as pessoas mais empáticas, colaborativas e predispostas a compartilhar metas e somar esforços.

Todas as suas descobertas e constatações, até agora, fazem parte de seu livro *Trust Factor: The Science of Creating High Performance Companies*. Sem tradução nem publicação no Brasil, mas acessível através da Amazon Brasil pelo valor de R$ 74,81 e R$ 40,61 no Kindle.

Em entrevista para *Exame*, Paul Zak descreveu algumas de suas descobertas:

> "Com níveis mais altos de ocitocina no cérebro, as pessoas ficam mais empáticas e dispostas a ajudar os outros, o que tende a aumentar a colaboração e a produtividade no trabalho. Num estudo realizado com 300 grandes empresas nos Estados Unidos, identificamos que as empresas que evoluíram para um patamar elevado de confiança aumentaram a receita gerada por empregado em US$ 10 mil por ano. Se você multiplicar esses US$ 10 mil por empresas com cinco mil colaboradores, estamos falando de uma receita adicional por ano de US$ 50 milhões. Apenas aumentado a ocitocina, sem nenhuma outra mudança ou investimento...".

Depois de muitas pesquisas nas empresas onde existe uma cultura de confiança, que aqui no MadiaMundoMarketing traduzimos como Accountability 360 – cultura de confiança em todos os sentidos, direções e públicos decorrente da capacidade de revelar-se o que verdadeiramente empresas e pessoas são através das diferentes plataformas e pontos de contato –, Zak constatou 74% a menos de estresses, 50% a mais de produtividade, 76% a mais de engajamento e 56% a mais de satisfação com o próprio trabalho.

Atenção, repetindo a receita:

> "Nas empresas onde prevalece a confiança entre todos os seus colaboradores existe um estímulo natural à produção de ocitocina: o hormônio que faz as pessoas mais empáticas, colaborativas e predispostas a compartilhar metas e somar esforços".

Faça isso. Agora, já, ontem! Clima de confiança = ocitocina. Ou, em economês, mais com o mesmo.

Muito mais!

A Volta de Ray Conniff, ou o Resgate da Orchestration

Um dos melhores filmes de Luchino Visconti é *O Leopardo*. No original, *Il Gattopardo*.

Baseado numa obra do Conde de Lampedusa – Giuseppe Tomasi Di Lampedusa –, direção irretocável do mestre Luchino Visconti, com um elenco espetacular, incluindo Claudia Cardinale, Alain Delon e ainda o legendário Burt Lancaster.

A tese do Conde de Lampedusa é a de que muitas vezes é preciso que mude tudo para que tudo permaneça como sempre foi e está.

Há 40 anos, pouco mais, pouco menos, um dia fui convidado para uma apresentação de uma agência de propaganda que naquele momento denominava-se Standard Publicidade. E já pertencente ao grupo Ogilvy.

A razão da coletiva de imprensa era para dizer que tinham concluído não fazer mais sentido manter ferramentas de comunicação e marketing separadas. E, por essa razão estavam somando e unindo a agência de publicidade Standard com a de promoções Promo e a de RP, a AAB.

E tudo isso devidamente embalado e rebatizado com o inspirador nome de Orchestration.

Meses atrás, em coletiva para a imprensa, quatro décadas depois, a mesma empresa anunciou a maior novidade dos últimos tempos nas palavras de John Selfert, seu novo CEO global:

"Às vésperas de completar 70 anos, a companhia, hoje presente em 83 países com 131 escritórios, e depois de um trabalho de reorganização de 18 meses, junta todas as suas empresas numa estrutura só…"

Estamos dando um passo ousado para redefinir nossa empresa e construir um novo modelo para o mercado… a integração de todas as ferramentas e plataformas numa estrutura mais simples vai ajudar a empresa a atender com mais agilidade e melhor seus clientes…".

Assim, a velha e boa orquestra está de volta, 40 anos depois, apresentada e vendida como se fosse a mais revolucionária entre todas as novidades.

Como nos ensinou Lampedusa, muitas vezes é preciso reinventar tudo para permanecer no mesmíssimo lugar e ser rigorosamente a mesma coisa.

Pergunta que não quer calar: era preciso 40 anos para a Ogilvy redescobrir-se, depois de tanto caminhar, no mesmo lugar da partida?

Todos dançando *Monlight Serenade*, com as vozes e cordas do grande mestre formado pela Juliard School Of Music And Arts, que adorava o Brasil, Ray Conniff.

Lições da Disney

Numa das últimas edições da *Harvard Business Review*, um pequeno ensaio do diretor de conteúdo do Disney Institute, Bruce Jones.

Começa seu pequeno ensaio com a seguinte frase: "Whatever you do, Do it well. Do it so well that then people see you do it, they will want to come back and see you do it, again!

And they will to bring others and show them how well you do what you do". 10! Brilhante! Inspirador para todas as empresas de todos os setores, negócios, portes e especializações, 10!

É o que temos que perseguir obstinadamente! Agora, e repetindo em português: "Seja o que for que você faça, faça bem. Faça tão bem que as pessoas encantadas voltarão para ver você fazer novamente. E não virão sozinhas. Trarão todos os seus amigos e todas as demais pessoas de que gostam para testemunharem o como você faz bem o que você faz...".

Segundo Bruce Jones, esse cuidado, preocupação, propósito, hoje cresce de importância na medida em que a concorrência deixou de ser específica e local e passou a ser global. Proceder assim é o cacife básico para ingressar no jogo e participar da disputa de mercado.

Jones afirma e reitera que hoje, muito mais do que o produto e o quanto custa, de qual é o seu preço, e na medida em que cada vez mais as distâncias entre os diferentes concorrentes diminuem, o que conta é a... experiência!

E ele, e muito mais que ele, a Disney pode falar sobre isso com autoridade, porquer uma experiência memorável é o business, é o DNA da empresa, que se faz presente no transcurso de toda a sua história.

Lembra do mote da Disney desde o primeiro dia? A Disney, quando abre seus portões, todos os dias de todos os meses de todos os anos não recebe clientes, recepciona convidados.

Lembra da música? Be Our Guest, Be Our Guest, Be Our Guest... Lembrou? Be our guest, be our guest, put our service to the test...

A música do filme da Disney *A Bela e a Fera*... Composta por Howard Ashman e Alan Menke. Lembra, a cena é de um restaurante, começa a música e o maître diz...

"Ma chere Mademoiselle,
it is with deepest pride
and greatest pleasure
that we welcome you tonight.
And now
we invite you to relax,
let us pull up a chair
as the dining room proudly presents your dinner."

Be our guest

E aí vinha a música...

Be our guest
Put our service to the test
Tie your napkin 'round your neck, cherie
And we provide the rest
Soup du jour
Hot hors d'oeuvres
Why, we only live to serve
Try the grey stuff, it's delicious
Don't believe me?
Ask the dishes
They can sing
They can dance
After all, Miss, this is France
And the dinner here is never second best
Go on, unfold your menu
Take a glance and then you'll

Be our guest
Oui,
our guest...

Nenhuma única pessoa ingressa num dos parques da Disney com expectativas médias. Esperam, simplesmente, o máximo. E é esse o desafio.

De alguém que pagou para entrar e pelos serviços, como acontece com todas as demais empresas, mas que chega com um grau de expectativa e ansiedade descomunal, típico das pessoas que nos admiram a distância e que um dia convidamos para nos visitar e conhecer nossa casa e hospitalidade. E, em seu pequeno ensaio, Bruce Jones repassa os pilares da essência da Disney:

1. Construa um propósito que seja comum a todas as pessoas e que traduza o DNA da organização. Esse propósito será tão melhor quanto consiga traduzir a mais extraordinária, irresistível e memorável experiência que sua empresa for capaz de proporcionar a seus clientes.

2. Olhe e contemple seus clientes nos 360 graus de suas expectativas e desejos. E procure oferecer respostas, soluções e serviços qualificados a corresponder na totalidade.

3. Saiba calcular o retorno total sobre o investimento, jamais se limitando ao que tem e ao que você vê no caixa a cada final do dia. Lembre-se que você não está apenas entregando o que seu cliente comprou naquela data específica. Na verdade você está plantando todas as próximas e inúmeras vezes que esse cliente retornará. Quase que certamente com outros Guests, para terem as mesmas emoções e alegrias que você teve da primeira vez.

É isso. Só isso, ou tudo isso.

Quem pretende construir um negócio para sempre, e que seja, como dizia Vinicius de Moraes sobre o amor, infinito enquanto dure, tem que levar muito a sério as monumentais lições e recomendações da Disney.

Não conheço nada parecido, nem próximo, muito menos melhor.

9

Balanço de Categorias

Em todos os setores de atividades e categorias de produtos, milhares de dinossauros agonizam. Um deles, depois de mais de 70 anos na liderança mundial, luta desesperadamente, reinventando-se, em busca da sobrevivência: a GM.

Depois de apagarem as luzes de seus cursos noturnos, algumas das principais instituições de ensino privado do país recorrem ao remendo de redução provisória das mensalidades, enquanto aguardam por uma melhor e verdadeira solução. E aos poucos, cada vez mais, as pessoas vão menos aos shopping centers.

Na tentativa desesperada de estancar a sangria nos teatros, produtores "censuram" as peças e reduzem o tempo de duração. No que muda o caminho dos produtos, mudam as embalagens.

A maior novidade dos últimos anos... o livro! Isso mesmo, de papel! E o dependurar das chuteiras de um dos maiores craques do varejo brasileiro de todos os tempos, José Galló. Enquanto a Blockbuster fechava sua última loja...

Dinossauros Agonizantes

Em todos os próximos dias, semanas, meses e anos contemplaremos diferentes famílias de dinossauros numa luta lancinante em busca de uma luz que as remeta para o lado de lá do muro; e que sobrevivam, enfim, no admirável mundo novo. Entre essas famílias de dinossauros, destacam-se as grandes e tradicionais montadoras.

E, dentre todas, a General Motors, a empresa ícone do negócio de automóveis no mundo, por onde começa a história da indústria automobilística com uma visão de mercado, e a partir do genial Alfred Sloan Jr, que tirou a empresa da falência e em três anos a colocou na liderança mundial. Liderança na qual permaneceu por mais de 70 anos, superando a Ford, do também genial Henry Ford, e seu carrinho preto.

Inspiração maior de Peter Drucker para escrever o livro *Prática de Administração de Empresas*, no ano de 1954, e onde se encontra plantado, com as raízes à mostra, o verdadeiro entendimento de administração moderna. A que nasce a partir do mercado, mais popularmente conhecida como marketing!

Recentemente, Carlos Zarlenga, presidente da GM para o Mercosul, convocou a imprensa para passar algumas novidades dentro da nova política estratégica de sua empresa para nosso país:

"A partir de 2018, a GM começa a importar os primeiros carros 100% elétricos. Quer testar o interesse do consumidor brasileiro pelos carros que um dia ocuparão as ruas das cidades. Traz também para o Brasil, nos próximos anos, a Operação Maven, que já funciona em várias metrópoles americanas. No início disponível apenas para os funcionários da montadora, que poderão retirar e devolver os automóveis, em caráter de locação, nas revendas autorizadas".

De alguma forma, se o caminho for esse, muito provavelmente a partir de um eventual sucesso da Operação Maven, as revendas autorizadas precisarão rever sua forma de trabalhar. Totalmente concebidas para e nos tempos em que pessoas compravam carro e levavam para casa. Agora terão que se reposicionar para os novos tempos em que as pessoas alugam, usam e devolvem.

Nas metrópoles americanas em que a Operação Maven é um sucesso foram criados bolsões de automóveis, alguns multimarcas, onde os interessados retiram e devolvem os veículos alugados. Hoje a Operação Maven está presente em 17 cidades americanas e fechou 2018 com quase 30 mil clientes. Nessa modalidade de uso de automóvel, a GM é líder de mercado com quase 60% desse território.

Falando recentemente à imprensa sobre o Maven, Rachel Bhattacharya, diretora de mobilidade urbana e Maven da GM, disse que a adoção desse sistema representa uma resposta a três questões que orientam hoje os consumidores modernos e urbanos:

1. Demanda de transporte como serviço, e não mais como compra e propriedade, semelhante ao que vem acontecendo com as plataformas tecnológicas e o SAS (Software As a Service).

2. Crescimento substancial das populações urbanas – hoje já são 28 megacidades em todo o mundo com mais de dez milhões de habitantes. E esse número chegará a 41 cidades em 2020.

3. Smartphone é a tela. Muito especialmente dos *millenials*, que, no entendimento da GM, constituem o grande mercado para o Maven – carro como serviço de transporte, e não mais propriedade.

Quando vai terminar a reinvenção do negócio de automóveis? Absolutamente impossível qualquer previsão. Tudo o que sabemos é que começou...

E nunca mais o negócio de automóveis será como foi até ontem.

Hoje, aquele modelo, agonizante, a caminho da UTI. E se sair, quando sair, será outro completamente diferente. Irreconhecível!

O Apagar das Luzes

De alguma forma, em muitos setores de atividade, na falta de alternativas, empresários vão empurrando com a barriga na expectativa de que a crise termine e tudo "volte ao normal". Imagino que ainda não se deram conta de que o que vem mais adiante não é o normal. É o "new normal".

Assim, em muitas empresas, com a queda monumental das receitas, a solução é hierarquizar as despesas e privilegiar as que não podem esperar – por exemplo, folha de pagamento... Mais adiante, pagamento dos fornecedores, mais adiante aluguéis de toda a ordem, e no final da lista... todos os impostos.

O outro lado da moeda, para preservar seus clientes e não agravar a crise, as empresas foram reduzindo o preço de seus produtos e serviços, até o limite do quanto custam. Quase que trabalhando com uma margem zero e preservando a equipe e fornecedores.

Em muitas situações, isso não tem se revelado suficiente. Como é o caso das faculdades, que, depois de percorrer todo esse caminho, decidiram radicalizar.

Além de reduzirem o preço das mensalidades, com poucos prejuízos ao conteúdo dos cursos, e contando com a compreensão e apoio de professores e funcionários, agora, constatando que o vazamento de alunos continua e o ingresso de novos reduziu-se dramaticamente, decidiram rever a política de pagamentos e mensalidades.

A aposta é que essa crise de hoje se resolva nos próximos 24 meses. Cobram, portanto, mensalidades simbólicas nos dois primeiros anos, para se compensarem depois, nos dois últimos anos. Assim, diante de uma queda de quase 10% no volume de novos alunos, a Estácio reduziu as primeiras mensalidades de muitos de seus cursos, durante alguns meses, para R$ 49,00.

Nos vestibulares de 2018, 90% dos novos alunos optaram por essa alternativa, pelos R$ 49,00, mesmo sabendo que teriam aumentos substanciais nos períodos seguintes para compensar o desconto na entrada.

Em entrevista para o *Valor Econômico*, o presidente da Estácio, Pedro Thompson, justificou: "No ano passado vimos muitas instituições cobrando R$ 59,00 e algumas, inclusive, isentando as primeiras mensalidades. Agora o valor é R$ 49,00". Segundo Pedro, antecipando-se ao que provavelmente acontecerá, hoje a instituição trabalha com uma provisão de 15% sobre suas receitas, considerando a elevada probabilidade de um crescimento no número de desistências.

Nas chamadas instituições da elite, classe A, as classes mínguam, turmas não se formam e luzes são apagadas.

Os moradores de Higienópolis, que se acostumaram com o barulho dos carros nos fins de tarde, a gritaria dos flanelinhas e as luzes feéricas da FAAP, hoje encontram muita dificuldade em conviver com o som do silêncio e a escuridão das turmas e cursos cancelados.

Na verdade, a grande crise na educação ainda não se faz presente. Está a caminho e acelerando sua velocidade. Essa crise de hoje, que reduz ou bonifica as primeiras mensalidades, é conjuntural. E se atenuará na medida em que a economia melhore e se recupere do furação Dilma. A grande crise é a estrutural, que varrerá do mapa todas as instituições de ensino tal como são hoje.

Estáticas, inoperantes, conservadoras, medíocres, absolutamente obsoletas para um mundo vivo, líquido e em tempo real. Pessoas precisam ser capacitadas, não mais educadas. Capacitadas permanentemente, desde dois ou três anos de idade, até a véspera da partida.

Definitivamente não é o atual modelo de educação, muito menos o das atuais instituições de ensino, que conseguirá vencer esse desafio, capacitando e qualificando seres humanos para a sobrevivência. E, mais diante, prosperidade.

"Vou ao Shopping!". Fui...

Qualquer estudo meia boca conseguiria definir com elevada precisão a quantidade de shopping centers que um país como o Brasil comporta. Grosso modo, esse número é 300! Mas empreendedores entusiasmados e irracionais quase dobraram esse potencial e ultrapassamos os 500.

Nos últimos três anos, notícias e mais notícias de shopping centers antigos e tradicionais com lojas vazias, salvo raríssimas exceções. E os novos que acabavam abrindo suas portas com, exagerando, 50% das lojas ocupadas.

Meses atrás, numa fotografia tirada pelo Ibope Inteligência, a situação desses 500 shoppings no Brasil: 12 mil lojas vazias, 41% de vacância. Assim, por esse estudo, se tudo corresse bem, se as razões e motivos para que esses shopping centers fossem construídos prevalecessem, mesmo assim seriam necessários mais de quatro anos para ocupar todos os espaços vazios. Mas as razões e motivos ficaram pelo caminho.

A vida mudou, as cidades se reorganizam, as pessoas privilegiam o não ter que pegar condução, mesmo porque o sistema de transporte é deficiente. E preferem, por decorrência, de um lado, comprar o mais próximo possível de onde moram e, depois, em centros comerciais menores ou lojas específicas. Deixando os shoppings para circunstâncias, momentos e/ou compras especiais. Duas ou três vezes por ano.

Portanto, de nada adiantarão quatro anos para tentar ocupar todas as lojas. As pessoas são as mesmas, mas seus comportamentos, expectativas e motivações são outros. E assim, gradativamente, retornaremos ao potencial. Exagerando, no máximo 300 shopping centers permanecerão em pé e abertos no Brasil.

E, ainda assim, com muitas mudanças, adaptações, novidades.

Idêntico fenômeno acontece em quase todos os demais países, muito especialmente nos Estados Unidos. Lá, onde cresceram e se multiplicaram, vivem uma vazante e derretimento excepcionais.

Estudo recentemente divulgado pelo Credit Suisse diz que, sendo otimista, 25% dos shopping centers daquele país fecharão suas portas. Considerando-se que lá ainda existem 1.200, estamos falando do encerramento de atividades de 300 deles, que deixarão de existir.

No país onde a migração para as compras via digital se intensifica, só no ano passado foram fechadas mais de oito mil lojas, o maior número da história, superando inclusive o ano de 2008, o da crise das hipotecas. E a mais emblemática entre todas as lojas de departamentos, que abriu suas portas em 1886, a Sears, pediu concordata.

Voltando ao Brasil, os poucos shopping centers abertos nos últimos anos permanecem com mais da metade das lojas vazias. Nos dois últimos anos, mais lojas fecharam do que abriram. Ou seja, o ciclo chegou ao fim. Como em tudo na natureza e na vida. Primavera, verão, outono e inverno...

Mesmo os shoppings sobreviventes nunca mais terão o mesmo brilho dos primeiros anos, muito menos provocarão o encantamento das primeiras vezes que as pessoas iam conhecer, passear e fazer compras nos shopping centers. E, felizes e sorridentes, exclamavam "vou ao shopping!".

Fui!

A Vazante dos Teatros

Em 1962, passei em dois vestibulares. O da Faculdade de Direito da USP e o da EAD, Escola de Arte Dramática. Dois vestibulares concorridos. Com provas escritas, orais e públicas nas duas instituições.

Na São Francisco, exame oral com provas ao vivo, em anfiteatro, onde os demais alunos e pessoas interessadas acompanhavam. Na EAD, além da prova escrita, sorteava-se e interpretava-se um texto, mais mímica e leitura, aberto ao público, no teatro da escola; plateia lotada de familiares, amigos e curiosos.

Tempos bons. Teatros lotados. Peças de duas a quatro horas, em que as pessoas não se mexiam de tão atentas – quase hipnotizadas –, que permaneciam estáticas magnetizadas. Aproveitavam o intervalo para conversar e trocar impressões com os vizinhos. Poucos saíam para o xixi, tomar água ou café.

E aí veio a TV em preto e branco. Depois em cores. Depois os vídeos. Mais adiante a internet. Na sequência o cabo. E no embalo o *streaming*... Mais o cansaço, as distâncias, a insegurança, a violência... As referências foram reduzindo-se. As redes sociais induziram uma cultura de falar pouco, de escrever menos ainda. O passarinho Twitter ensinou os 140 caracteres. O celular quando chegou era um tijolo. Depois dava para carregar no bolso. Depois ganhou o código Smart, virou inteligente e converteu-se em smartphone.

Hoje, nos espetáculos da Broadway, as pessoas nos intervalos permanecem sentadas e teclando. O smartphone está matando os bares dos saguões dos teatros. Smartphone que foi avançando e comendo o tempo e hoje ocupa quatro horas e meia de todos os brasileiros todos os dias.

Difícil sair de casa. Difícil esperar. Longas-metragens, bitolas largas e compridas entediam. E todo o resto e tudo o mais adequando-se à nova realidade.

Matéria da *Folha de S.Paulo*, de Maria Luísa Barsanelli, intitulada O Coro dos Impacientes, o melhor pior retrato da nova realidade. Cansados de ver cadeiras vazias e pessoas retirando-se nos intervalos e não regressando às salas de espetáculos, produtores decidiram encurtar as peças e eliminar o intervalo. Duas horas é o limite. Idealmente, uma hora e vinte, exagerando uma hora e meia.

Para evitar as três horas regulamentares, Eduardo Tolentino Araujo passou com sensibilidade e inteligência a tesoura em uma das sete cenas de *Anatol*. Você pode passar a tesoura com o maior cuidado e delicadeza possíveis, mas nem por isso a tesoura deixará de cortar. De usar uma palavra maldita, mas que não dá para arredondar e muito menos dissimular. Censurar! Ainda que não seja por motivos políticos.

Tolentino explica e justifica a tesoura: "Vivemos uma época de dispersão... as pessoas já chegam ao teatro com o preconceito e esperando pelo enfadonho. Mas a sensação de tempo é relativa...". Já Denise Fraga não amacia e vai direto ao finalmente: "Eu sinto que a atenção das pessoas está cada vez mais comprometida. Precisamos resgatar o sentido da captura, de seduzir o público".

A peça *A Visita da Velha Senhora* foi encurtada em 40 minutos, num primeiro corte, ou, se preferirem, compactação. Na temporada em cartaz, mais dez minutos foram suprimidos. Agora tem duas horas. Ufa!

Não obstante todo esse constrangimento, não obstante a draga em que mergulhou o teatro, ainda sinto uma tristeza infinita de, por razões econômicas e pelo maldito fator tempo, não ter podido concluir meu curso na Escola de Arte Dramática. Não ter seguido a carreira de ator.

Assim, em nome dos heróis da resistência e que teimam em encenar e manter os teatros abertos, orem comigo: "venham, pelo amor de Deus! Fiquem, pelas chagas de Cristo".

As Novas Embalagens

Meu querido amigo e mestre do design Pascoal Fabra Neto jamais, em hipótese alguma, traduziu design por desenho. Sim, e sempre, por propósito, destino, finalidade, intuito, que se revela na mensagem. Sua preferência e recomendação é traduzir por desígnio. Forma e conteúdo.

Traços, letras, linhas, nuances, texturas, densidades, materiais, sons, tons, respiros. Com direito a suspiros diante de tanta beleza e encantamento.

Falo do Fabra e me lembro dos Beatles. *The Long and Winding Road*. Quase todos recordam-se e cantam essa música maravilhosa dos quatro de Liverpool.

The long and winding road
That leads to your door
will never desappear...

Pois é, sinto dizer, está *desappearing*...
A longa e sinuosa estrada que levava os produtos dos supermercados às nossas casas está desaparecendo. Ou melhor, gradativa e suavemente, sendo substituída.

Pense um pouco. Todas as embalagens, tamanhos, materiais, texturas, conteúdos, todo o design que hoje existe e exposto nas gôndolas dos supermercados tinha uma premissa fundamental.

Alguém vai ao supermercado, pega na gôndola, coloca no carrinho, chega ao caixa, paga, coloca no saquinho, coloca no porta-malas do carro ou leva em um carrinho ou nas mãos, descarrega em casa... Despensa, geladeira ou direto para a mesa. E por aí vai.

Toda a primeira parte dessa trajetória ou jornada começa a ser revista. Entra na internet, faz as compras e recebe em casa. Assim, neste preciso momento, os maiores fornecedores de embalagem em todo o mundo criaram grupos permanentes de profissionais e trabalho para o desenvolvimento das novas embalagens. Muitos desses grupos reúnem-se todas as semanas, nos últimos três anos.

As novas embalagens que serão concebidas e criadas para continuarem cumprindo todas as missões que são de seus ofícios e competências, mas, principalmente, procedendo a uma releitura radical diante da nova trajetória das mesmas. Do novo caminho que percorrem uma vez realizada a compra.

Direto de distribuidores e vendedores para a casa das pessoas. Encurtando caminho. Não mais a caminho de lojas, terminais logísticos, embarques e desembarques. Nem em lojas nem em supermercados. Despedindo-se das gôndolas. Mais adiante, quando essa migração se acelerar e ganhar densidade, vai mexer radical e dramaticamente nas características dos pontos de venda.

Sempre que alguma coisa de novo, de radicalmente novo acontece, precisamos, o tempo todo, permanecer atentos e fortes, refletindo sobre possíveis eventuais implicações em nossos negócios.

Como todas as grandes empresas estão procedendo neste momento.

Quando se altera a função, reconsidera-se a forma. Sem jamais perder de vista a busca incessante e o objetivo final: surpreender e encantar o cliente. Antes, durante, depois e acima de todas as demais coisas, razões, motivos, objetivos.

Assim, jamais se esqueça dos versos finais da longa e sinuosa estrada:

But still they lead me back
To the long winding road
You left me standing here
A long long time ago
Don't keep me waiting here
Lead me to your door

Certo? Cantando, revendo caminhos e trajetórias, atualizando, preservando competitividade.

O Livro, Por Enquanto, Insubstituível

E digo mais. Quando a galerinha – nossos filhos, netos e bisnetos – finalmente descobrir o livro, veremos uma corrida em direção aos livros como jamais aconteceu no Brasil até hoje.

As três maiores redes de vendas de livro quebraram. A La Selva, lojas de aeroportos, março de 2018, e antes do fim do ano Cultura e Saraiva recorreram à recuperação judicial. Já o livro vai bem, obrigado. Em especial, o livro de qualidade.

As redes sucumbiram por gestão incompetente, precária e de apetite desmesurado. O sistema de comercialização, agravado por gestão medíocre, é que sucumbiu. Os livros, repito, vão bem, muito bem, obrigado.

Cresceram e continuarão crescendo em todos os próximos anos em volume de vendas e faturamento. Até mesmo porque o simulacro de livro, chamado de livro eletrônico, também mais conhecido por uma de suas marcas, Kindle, naufragou. É péssimo e entediante. Agoniza e deverá morrer nos próximos meses. Um desastre.

Ninguém foi capaz de imaginar, e certamente não será, algum companheiro melhor, mais gostoso, mais prazeroso e mais agregador ao ser humano que o livro.

Como já escrevi um dia em artigo, Vinicius de Moraes dizia que o uísque era o melhor amigo do homem. Uma espécie de cachorro engarrafado. Eu digo que o livro é que é o melhor amigo do homem. É o cachorro encadernado e recheado de conteúdo e muita emoção.

Mas todo esse longo comentário para compartilhar com vocês sobre o plano de recuperação judicial de uma das redes que quebraram, a Livraria Cultura, no qual manifesta sua intenção de quitar todos os credores até 2033. Quem aceitou esse prazo poderá receber seu crédito com um pequeno desconto entre 20% e 30%. Quem, no entanto, quiser receber antes, em até dez anos, e ainda recusar-se a continuar fornecendo, receberá apenas 30% de seu crédito.

Em seu plano de recuperação, a Cultura, para a melhor compreensão dos credores, apresentou um exemplo: um pequeno editor, com um crédito de R$ 10 mil. Se for um credor parceiro, receberá R$ 7,5 mil, em 48 parcelas trimestrais de R$ 157..., claro, após a homologação do acordo, com uma carência de dois anos...

Objetivamente, as megalivrarias perderam, se é que tiveram em algum momento, por completo a razão de ser.

Cometeram suicídio de forma dramática e medíocre, passando a vender um monte de outros produtos, concorrendo com varejistas especializados, produtos sobre os quais não tinham a menor experiência. Apenas para ocupar os espaços monumentais que receberam de locadores - shopping centers irresponsáveis -, porque não tinham o que colocar no lugar, oferecendo esses espaços quase de graça e totalmente subsidiados.

Um mix de gestão incompetente dos gestores de shoppings e ambição desmesurada das duas maiores redes de livrarias. Já o livro... brilha como nunca!

E ainda sua comercialização evoluiu positivamente em todos os últimos anos com as compras pela internet, pela experiência de compra fantástica que é, por exemplo, comprar livros numa Amazon, muito especialmente pelo resgate das pequenas livrarias de bairro, agora com um bom café, um cardápio executivo para a hora do almoço e seres humanos ao lado.

Não pode existir nada melhor! Você já apresentou o livro para seus filhos, netos e bisnetos com a mesma emoção e carinho como um dia nossos pais e avós apresentaram para nós?

Assim, em breve, nas melhores e pequenas livrarias do Brasil, na Amazon e comércios eletrônicos de qualidade, a maior e melhor novidade de todos os tempos: o livro.

Se hoje estou aqui merecendo o carinho, a atenção e a amizade de vocês, devo isso, no mínimo 90%, ao livro. Meu cachorro de papel, encadernado e abarrotado de conteúdos que me movem a partir do coração.

Renner, "A Empresa do Ano", Segundo a Revista *Exame*

Há 26 anos no comando da Lojas Renner, José Galló desenvolveu um estilo de gestão, de atenção aos detalhes e de fuga dos modismos.

Que características precisa ter um executivo para triunfar no hipercompetitivo mercado de moda? Ousadia? Inovação? Agressividade? Para José Galló, presidente da Renner, escolhida a empresa do ano de 2018 por *Melhores e Maiores*, o que conta mesmo é disciplina e obsessão pelos detalhes.

São características que fazem com que a Renner, uma gigante que faturou US$ 2,2 bilhões no ano passado, com um lucro de US$ 221 milhões, seja uma empresa *sui generis* em seu segmento.

Entre as varejistas de capital aberto, a Renner é a líder em produtividade e em riqueza gerada pelo empregado. Galló, hoje com 67 anos, está à frente da companhia desde 1991, preparou com critério e sensibilidade sua saída do cargo. Seu estilo de gestão, único, é um dos trunfos da varejista gaúcha.

As seis características que produzem campeãs – eram cinco e eu inclui mais uma -, características de liderança que ajudam a explicar o sucesso da Renner e que podem inspirar qualquer negócio.

1. Viva a empresa - Em 2017, os seis diretores estatutários da Renner ganharam juntos mais de R$ 30 milhões em remuneração fixa e variável. Galló, portanto, poderia comprar roupas em qualquer loja do planeta. Mas usa ternos e sapatos Renner para trabalhar – os paletós podem custar menos de R$ 200 nas lojas. Galló também tem o costume de visitar as lojas e anotar o que gostou e o que não gostou. Também acompanha as tendências da moda e as coleções de outras empresas, faz anotações sobre o que vê nas ruas do Brasil e do exterior e faz sugestões à equipe. Depois, repassa suas impressões à equipe em reuniões quase diárias. Numa delas, acompanhada por Aline, falou sobre o desgaste na pintura de um móvel e um vestido que parecia fora do lugar. "Minha mensagem é mostrar que, se o presidente da empresa tem essa atitude, o diretor tem de ter e o gerente-geral também", diz.

2. Sonhe grande - Galló sempre fez com que a Renner sonhasse grande. A empresa vale hoje sete vezes mais que sua antiga controladora, a varejista americana JC Penney. Quando vendeu suas ações, em 2005, a rede americana valia 17 vezes mais. No memorial, uma espécie de museu em um novo prédio da sede da companhia, impressiona a frase que resume a missão da Renner: "Ser a maior varejista de moda das Américas". Das Américas?

    Galló: "É lógico que no primeiro olhar América significa nossa América Latina, não significa Estados Unidos no momento, no curto prazo. Neste momento, estamos no Uruguai vendendo 40% a mais do que esperávamos".

"Para atuar ali na fronteira, tivemos de investir R$ 20 milhões na atualização de 146 processos e 520 subprocessos e levamos mais de dois anos para isso. Mas hoje já temos uma plataforma em espanhol para atuar em outros países". Hoje são 527 lojas. A Renner projeta chegar em 2021 com 875 unidades (entre Renner, Camicado e Youcom – sem contar Ashua).

3. Não tenha pressa – Apesar de estar há 26 anos no comando da Renner, Galló teve experiências anteriores que o ajudaram na formação.

Em 1991, Galló foi contratado como consultor por Cristiano Renner, neto de A.J. Renner e diretor-presidente da Renner, para um trabalho de três meses de consultoria estratégica. Nascido em Galópolis, bairro de Caxias do Sul, na Serra Gaúcha, derivado do sobrenome de seu avô Hércules Galló (ex-prefeito de Caxias do Sul), Galló tinha até então apenas uma experiência prévia como consultor. Havia resolvido um problema de estoque de uma rede local de lojas de vestuário.

Formado em administração pela Fundação Getulio Vargas de São Paulo, ele trabalhara durante quase 20 anos como empreendedor, sócio e responsável pela parte comercial de uma varejista de eletrodomésticos e móveis de Porto Alegre e de uma indústria de embalagens e peças de plástico, a qual fundou com um amigo em Caxias do Sul.

Depois de trabalhar três meses na elaboração do planejamento estratégico e reposicionamento da Renner, Galló foi convidado para executar o projeto, assumindo o cargo de diretor-superintendente.

4. Cuidado com modismos - Galló reitera que definiu em 1991 a proposta de valor da Renner e "apenas fomos acrescentando algumas palavras ao longo do tempo".

O plano era vender roupas com preços acessíveis para mulheres de 30 a 40 anos que compram para toda a família. Ao contrário do que passaram a fazer nossos concorrentes, jamais contratamos estilistas renomados, nem celebridades para as campanhas, nem inauguramos lojas-conceito. Não acelero bruscamente a abertura de lojas quando o vento está a favor, nem piso no freio quando o cenário muda.

5. Respeito aos acionistas e à empresa - Galló mantém hábitos espartanos e incentiva a equipe a segui-los. Os diretores trabalham com as luzes apagadas durante o dia e se servem de café da garrafa térmica.

6. Treine a equipe. Depois treine mais - Um dos pontos que diferenciam a Renner da maioria das empresas brasileiras é o número de horas de treinamento por funcionário: 120 horas em média por ano.

A média, segundo a pesquisa Panorama do Treinamento no Brasil de 2017, foi de 21 horas. Uma das iniciativas mais recentes nesse quesito é a implementação do "RED" (vermelho em inglês, a cor da Renner) em alusão ao TED – famoso ciclo de palestras rápidas e dinâmicas. Especialistas em temas como tendências da moda, sustentabilidade e vendas são contratados ou convidados para falar aos funcionários.

Clarice Martins Costa, diretora de RH: "Todos os nossos funcionários têm de entender de moda e atendimento ao cliente, porque é isso que nós fazemos".

PS – Em abril de 2019, José Galló deixou o comando do maior varejista de moda do Brasil. Saiu o autor, ficou sua obra. Falando sobre a data, Galló declarou: "Vou para o conselho de administração, mas vou continuar acompanhando. Costumo dizer: colocando o nariz, mas não colocando o dedo...".

Blockbuster, a Última Loja

A primeira foi aberta no dia 19 de outubro de 1985, na cidade de Dallas, estado americano do Texas, por David Cook. Nove anos depois, com mais de 4.500 lojas abertas, foi comprada pela Viacom, por US$ 8,4 bilhões. Meses atrás, fecharam duas das três lojas remanescentes da Blockbuster, permanecendo aberta uma única, na cidade de Bend, no Oregon, Estados Unidos da América. Fim!

No ano de 2001, em artigo no jornal *Propmark*, enquanto a Blockbuster era glorificada pela imprensa mundial como um dos *cases* do século passado, eu anunciei o fim do negócio, mesmo sendo a empresa uma *blue chip* nas bolsas, e quase fui processado pelo Unibanco, investidor majoritário do negócio no Brasil.

Meu artigo foi discutido em reuniões sucessivas do banco. Após essas reuniões, eu sempre era procurado por um dos diretores da instituição, que tinha por missão me convencer que eu estava mal informado e errado.

Em 2013, quando a situação já era publicamente insustentável, escrevi um novo artigo lembrando o que escrevera no ano de 2001... Dizia:

> "Há exatos 12 anos, na coluna Marketing, com essa mesma citação acima e com 12 anos de antecedência, assinamos o atestado de óbito da Blockbuster. No exato momento em que as filas se formavam nas lojas, muito especialmente nas sextas-feiras à tarde".

Executivos do Unibanco, sócio da empresa no Brasil, nos procuraram e disseram que estávamos loucos e que iríamos quebrar a cara. Felizmente não estávamos loucos e infelizmente não quebramos a cara, porque preferíamos ter errado e os empregos preservados. Mas não tínhamos a menor dúvida!

Totalmente debilitada e perdendo muito dinheiro, a Blockbuster foi vendida no Brasil para a Americanas, que converteu sua rede em lojas da Americana Express; e nos Estados Unidos, no ano de 2013, quando escrevi o segundo artigo, foi finalmente fechada boa parte das lojas.

A notícia dizia o seguinte: "A locadora de filmes americana Blockbuster anunciou que fechará 300 lojas e centros de distribuição restantes da marca nos Estados Unidos, reduzindo oficialmente suas operações on-line.

A empresa, nascida no Texas em 1985, chegou a ter nove mil lojas de aluguel e venda de VHS e DVDs em todo o país. Já havia pedido concordata em 2010, após acumular mais de US$ 1 bilhão em dívidas".

Assim como nos vinhos de melhor qualidade e adequadamente conservados, anos de vida contam muito em consultoria. Hoje, depois de mais de 1.200 trabalhos realizados para mais de 500 empresas e 3.200 marcas, o índice de acerto dos consultores do MadiaMundoMarketing excede a 98%.

Nos últimos dez anos abortamos, na decolagem, mais de cem empresas e produtos que não tinham a menor chance de sobreviver meses, quanto mais anos. Em compensação, reposicionamos negócios que definhavam, induzimos uma cultura de marketing e inovação nessas empresas, que hoje vicejam, crescem, prosperam e são altamente lucrativas. Nessas, o mercado e a oportunidade existiam; faltava corrigir o posicionamento e dar vida ao novo.

Voltando ao artigo de 2001, que dizia: "O aparentemente próspero negócio de locação de vídeos, que entusiasmou milhares de pequenos empresários por todo o país – a maioria na informalidade e sobrevivendo da locação de cópias piratas -, também atraiu para cá a empresa ícone do setor, a Blockbuster, nem floresce e muito menos viceja: definha...

O desempenho da própria Blockbuster no Brasil, que adia ano após ano suas promessas de colorir de azul seus números, é, seguramente, a melhor referência... Antes de abrir a primeira loja, falava de 250 lojas até 2000. Estamos terminando 2001 e o número de lojas não passa de 75 – a quase totalidade deficitária. O lucro, previsto já para o terceiro ano de operação, até agora não se manifestou e o prejuízo, ao invés de diminuir, só faz aumentar: de R$ 5,7 milhões em 1999 para R$ 13,6 milhões em 2000...".

Os golpes foram sucessivos até o nocaute completo. O preço de venda dos vídeos e DVDs despencando e não justificando mais a locação.

A pirataria generalizada. Os canais de TVs se multiplicando, a internet, o YouTube, os canais a cabo e, finalmente, o *streaming* enterraram para sempre aquele que foi um dia o próspero negócio de locação de filmes... Blockbuster, pela última vez, descanse em paz.

E descansou.

10

Marketing Legal

Finalmente, o mundo decide dar um basta à invasão do pó branco. Resolveu colocar o sal e o açúcar em seu exato lugar e nas devidas medidas e proporções. A hora da verdade da Apple, mundo fechado, e do Google, mundo aberto.

Os três tipos de obsolescência. O terceiro, adotado pelas empresas da nova economia, é insuportável. E exige a atenção e cobrança de toda a sociedade.

O dia em que Dolce & Gabbana, por uma gracinha, deu adeus ao maior mercado do mundo. E as cigarreiras continuam matando todos os seus clientes com a mesma crueldade de sempre. E, por falar em morte, a mais rápida, eficaz e campeã, entre as "dumbest way to die", começa com S. S de smartphone. A mais estúpida maneira de morrer e, também... de matar.

O mais emblemático hotel dos Estados Unidos, que hospedou todos os presidentes americanos, que hospeda as principais autoridades quando passam pela cidade de Nova York, agora pertence à... China! Ao governo chinês. E nossos baixinhos, youtubizados, clamam por socorro!

Declaração de Guerra aos Pós Brancos

Chega de brincadeira. Desta vez é para valer. Que todos somos vítimas dos pós brancos estamos cansados de saber. Presentes em nossas vidas desde o nascimento, seguem conosco até o fim.

Segundo muitos pesquisadores, esse final poderia ser bem mais adiante e prolongado caso procedêssemos a uma revisão radical no consumo desses dois pós brancos: o sal e o açúcar.

Livros e livros já foram escritos sobre o assunto, mas, até o fim do século passado, com resultados pífios. Desta vez, porém, sintomas de uma mudança radical e consistente em nossos comportamentos. Tanto em relação ao sal como em relação ao açúcar.

Pressionadas pela opinião pública, as indústrias que exploram a compulsão e dependência dos seres humanos por doces e salgados começam a se movimentar. Muito especialmente e porque, agora, todos os conselhos de décadas começam a calar mais fundo e provocar sensíveis mudanças nos comportamentos de consumo.

De um lado, indústrias reduzindo substancialmente a quantidade de sal em seus produtos. E, de outro, indústrias adotando a mesma postura em relação a suas doces guloseimas, leia-se açúcar; muitas delas, diante da queda de consumo, fechando fábricas.

E, ainda, as maiores e de capital aberto, com um *compliance* mais rígido, sendo cobradas por seus acionistas para que caiam fora imediatamente de determinados negócios. Como acontece neste exato momento com Nestlé, Unilever e Procter, por exemplo, entre outras.

Meses atrás foi publicado na revista *Lancet* o mais completo estudo já realizado sobre o quanto o aumentar punitivamente o preço de doces, bebidas e tabaco é capaz de frear o crescimento das chamadas doenças crônicas. O estudo levou em consideração os dados de 13 países onde se procederam substanciais aumentos de impostos sobre esses produtos.

Durante anos, prevaleceu a tese de que os únicos afetados por essa medida seriam as populações pobres, responsáveis pela maior parte do consumo desses produtos. Mas o estudo concluiu que isso eventualmente só acontece no curtíssimo prazo e logo após os aumentos, mas que mais adiante há ganhos substancias com a saúde e com o desempenho no trabalho.

Assim, uma nova e grande guerra em prol de uma alimentação mais saudável em curso, e depois, à semelhança da guerra contra o tabaco travada em quase todo o mundo, doces e salgadinhos na alça de mira da sociedade.

Em alguns países em que essa medida – aumento das taxas e impostos e, por decorrência, aumento nos preços – vem sendo testada, resultados mais que animadores. Um desses países é o México, onde essa nova politica entrou em vigor em 2014 e vem conseguindo quedas no consumo de doces e salgadinhos a uma taxa média superior a 10% ao ano.

Em nome dos fabricantes, suas associações se manifestaram: Associação Brasileira das Indústrias de Alimentação (Abia) e Associação Brasileira das Indústrias de Refrigerantes e Bebidas Não Alcoólicas (Abir). Em comunicado conjunto, disseram estarem comprometidas em promover ações conjuntas para combater o problema com a redução voluntária de sódio, gordura trans e açúcar.

Muitos não acreditavam. Leva tempo. Mas, um dia, acontece. Parece que estamos criando juízo. Nossas crianças, principalmente elas, mesmo não entendendo exatamente as razões e motivos, agradecem.

Como tudo, demora, mas chega. Chegou a hora da verdade para os pós brancos. A de colocar o sal e o açúcar em seus devidos lugares e, principalmente, medidas.

"Ô de Casa, Posso Entrar?"... Foi-se

Primeiro invade-se. Depois, se necessário, pede-se licença. Agora é assim. Não no analógico. As boas, velhas e consagradas normas de educação continuam prevalecendo. Já no digital, é quase pé na porta e depois procede-se o eventual e improvável ressarcimento

Quando se cria um mundo a partir do zero, não existem regras. As que existem são do mundo que perdeu o sentido e dentro do qual nasce esse novo mundo. E, então, o mundo velho começa a descascar, desbotar, perder características e costumes, seguindo agonizante até a queda final.

Existe um novo mundo nascendo dentro do velho mundo e, por uma questão de DNA e gênese, não tomando conhecimento das regras do mundo velho. Quase todas as novidades que traz não se enquadram em nenhuma das normas vigentes.

Como se pode regular o que jamais existiu?! É por aí mesmo. E assim os aventureiros do novo mundo vão mandando ver. Até consumar-se um constrangimento geral, receberem algum enquadramento, serem condenados, pagarem multas e seguirem adiante. O importante é ter conquistado o território. Essa é a situação que o Google vive neste momento.

Já a Apple e a genialidade de Steve Jobs criaram o mundo Apple. Lindo, maravilhoso, lúdico, criativo, instigante, mas... Clube fechado! Só acessível aos proprietários das máquinas e *gadgets* Apple. O Google olhou e decidiu: vou criar um segundo campo para todos os demais *players*. Negócio de clube do bolinha costuma não dar certo no longo prazo. Correu atrás.

Descobriu a Android Inc, fundada em Palo Alto, Califórnia, no mês de outubro de 2003, por Andy Rubin, Rich Miner e Nick Sears, e que estava mal das pernas, mas com uma base tecnológica sob medida para seus planos. No dia 17 de agosto de 2005, comprou a Android porteira fechada. Incluindo um monte de dinheiro e trazendo os três sócios juntos.

Em 2007, fez uma primeira grande parceria com fabricantes de smartphones. No dia 22 de outubro de 2008, foi lançado o HTC Dream, o primeiro smartphone a ser vendido rodando sob a plataforma Android. O resto é história. A Apple continua com seu mundo lindo, maravilhoso, deslumbrante e fechado. Enquanto isso, o Google, com seu Android, encontra-se presente e faz funcionar mais de 80% de todos os smartphones no mundo.

Recentemente, o Google foi multado em 4,3 milhões de euros pela União Europeia, sob a acusação de fornecer grátis seu sistema operacional desde que os fabricantes de celulares mantivessem uma série de aplicativos também grátis e que já vêm instalados no Android. Entre os principais, aplicativos que remetem todos ao mundo Google...

O Google recusa-se a pagar a multa e vai recorrer. Mas, e se perder e tiver que pagar... Mais que valeu a pena não ter perguntado e muito menos esperado para que alguém autorizasse. 4,3 milhões de euros é dinheiro de pinga diante de um território, o dos smartphones, menos os da Apple, que agora pertencem à empresa.

E que seguramente vale mais de centenas de milhões do valor da multa aplicada e que será reduzida, ou até mesmo não paga. Mais adiante, para fugir de novas punições, o Google vai cobrar de todos os fabricantes de smartphones e celulares que decidirem seguir com o Android a taxa simbólica de US$ 1 por unidade. Compensável na compra de outros produtos do Google...

Esclarecido? Em tempos de ruptura e mudanças radicais, não se pede licença. Entra-se e, depois, dá-se um jeito... "Ô de casa, dá licença... Nunca mais!"

Obsolescência: Programada, Planejada, Acelerada

Recentemente, na Itália, Apple e Samsung foram condenadas a elevadas multas pela prática de obsolescência programada. Esta é a expressão e termo usado pela Justiça italiana.

Como, deliberadamente, Samsung e Apple encontraram uma maneira perfeita de evidenciar a seus clientes que precisavam comprar novos modelos porque os antigos comportavam-se como carroças? Qual foi o truque, ou o trambique? Induzindo-os a instalar versões novas de seus sistemas operacionais, projetados para aparelhos de novas gerações e mais parrudos.

Assim, com os novos sistemas nos velhos equipamentos, o desempenho caía substancialmente, induzindo a todos a trocar seus aparelhos pelos mais novos. Mesmo assim, de novo e preliminarmente, em meu entendimento, uma decisão sobre todos os aspectos absurda.

A mania que a Justiça e o Estado têm de tutelar pessoas adultas e maiores de idade, que deveriam se informar e cuidar melhor de suas vidas. Por outro lado, a expressão utilizada é equivocada. Na verdade, temos três expressões para esse tipo de evento. Vamos lá:

A) Obsolescência Planejada - Quando tornar um produto obsoleto depois de um determinado tempo faz-se presente desde sua criação.

B) Obsolescência Programada - Quando, através de algum dispositivo instalado no equipamento, ou pelas características dos componentes utilizados, existe um tempo predeterminado para o aparelho desmaiar, ou até mesmo morrer.

C) Obsolescência Acelerada - Quando as empresas induzem seus clientes a agregar novos *features* aos produtos que já compraram, novos *features* esses que acelerarão, direta ou indiretamente, o processo de obsolescência desses aparelhos, encurtando suas vidas. E que é o presente caso, que a Justiça italiana condenou multando Apple e Samsung.

Mas, reitero, chega de tutela. Está mais que na hora de as pessoas cuidarem de si e serem mais criteriosas em suas decisões de compra. E, se mesmo assim, se sentirem enganadas ou verdadeiramente forem, denunciem as péssimas empresas que exploram a boa-fé de seus clientes.

Existem mecanismos, ferramentas e plataformas para isso. E quando as pessoas colocam a boca no trombone por causas justas... sai da frente.

Um dia, quem sabe, finalmente, as empresas vão entender quais as verdadeiras razões e motivos de terem planos voltados para recompensar clientes assíduos e fiéis. Como, por exemplo, terem consciência que conseguir um cliente novo e a partir do zero custa entre 5 a 20 vezes mais do que preservar os já conquistados.

E ainda tem o bônus. Clientes conquistados e apaixonados são o mecanismo mais eficaz na conquista de muitos e novos clientes. Mas, se mesmo assim sua empresa prefere continuar forçando seus clientes a antecipar a troca pela prática da obsolescência acelerada, cuidado.

Quando descobrirem, você perde um cliente apaixonado e ganha, merecidamente, o pior dentre todos os inimigos, um cliente criminosamente enganado. Que nunca mais vai se esquecer de sua empresa e de contar para todos com quem cruzar pelos caminhos da vida do quanto vocês são bandidos, irresponsáveis, picaretas, estelionatários.

Dolce & Gabbana, ou Brincadeira de Mau Gosto

Todo cuidado é pouco! A marca é, na terra, como o nome de Deus. Assim, jamais, em hipótese alguma, sob qualquer razão, motivo ou pretexto, tomar seu santo "naming" em vão. Brincadeiras que eram encaradas e recebidas anos atrás como divertidas e só provocavam risos e comentários, provisoriamente são consideradas de péssimo gosto e traduzem-se em prejuízos monumentais.

Vivemos tempos de trevas e escuridão. A tecnologia deu voz aos estúpidos e porraloucas. E, a qualquer cochilo, vai tudo, literalmente, para o lixo. Até pode pedir desculpas. Conseguir perdão... Esquece! Morte na certa.

Dolce & Gabbana, orientada por seus publicitários, que tinha uma parcela significativa do mercado de luxo na China, decidiu brincar, em comerciais, com os chineses. Pegou péssimo. Em 24 horas milhares de produtos da marca foram retirados dos maiores *market place* locais.

Entre os comerciais, o que mostra os chineses comendo *spaghetti* com palitinho foi o que mais incomodou. Um dos maiores portais de comércio eletrônico retirou todos os produtos Dolce & Gabbana de suas ofertas no minuto seguinte à primeira veiculação do comercial; e o outro, o Yangmatou, literalmente "matou" 58 mil produtos Dolce & Gabbana que expunha em seu portal. O prejuízo financeiro foi monumental. A Branding Damage definitiva e irrecuperável.

Assim, Dolce & Gabbana despediu-se do mercado de luxo chinês. Um mercado de, e apenas, em 2019, US$ 120 bilhões. Não existe outro mercado igual, parecido ou próximo em todo o mundo.

E qual a lição contida nessa tragédia? Repensar tudo e *compliance* radical.

O que era engraçadinho e fazia sentido meses atrás... Hoje, num momento onde o politicamente correto prevalece, qualquer pequeno escorregão pode resultar em fraturas expostas, incuráveis, que determinam paralisia completa, definitiva e irreversível. Não tem gesso que dê conta, muito menos resolva. É para sempre! Assim, na dúvida, não faça, não provoque, não arrisque, não brinque!

Fez, arrependeu-se... Tarde demais! Mesmo no dia seguinte, em vídeo no Weibo, o Twitter da China, com os "dois patetas", Domenico Dolce e Stefano Gabbana, compungidos e penitentes, dizendo: "Sentimos muito e queremos pedir desculpas aos chineses no mundo todo... na nossa família nos ensinaram a respeitar a diversidade de todas as culturas do mundo e nos desculpamos se cometemos o erro de interpretar vocês assim... Amamos a cultura chinesa, já visitamos o país muitas e muitas vezes... garantimos que isso jamais voltará a acontecer... imploramos que aceitem nossas desculpas...".

Os chineses, estáticos, não só não ouviram, como também não tomaram conhecimento. De nada adiantou. Fim!

Assim como dezenas de outros e semelhantes episódios, o *affair* Dolce & Gabbana na China entra para a relação das maiores pataquadas e merdas empresariais dos tempos modernos. De uma absoluta e total falta de compreensão e entendimento de como é o mundo hoje e de uma ausência absoluta e total de marketing com um mínimo de qualidade.

A única palavra que traduz a fotografia final da cagada monumental é, simplesmente, um desastre. Para os chineses, Dolce & Gabbana morreu. E, se perguntados, responderão, dolce do que... de banana... Não, não sei, nunca ouvi falar...

O comercial de chineses comendo *spaghetti* com pauzinho entra para a história como o melhor comercial de logística reversa de todos os tempos. Recordes imbatíveis de devoluções!

Matando os Clientes com Paciência e Crueldade

Um dos poucos negócios legais do mundo em que uma empresa envenena todos os dias cada um de seus clientes. E quanto mais leal e fiel, mais doses de veneno diárias, várias vezes ao dia, a empresa, criminosamente, vai fornecendo a seus clientes.

Recentemente, o STF manteve norma que proíbe a venda de cigarros com sabor. Ou seja, a indústria da morte do tabaco, onde prevalecem no Brasil Souza Cruz e Philip Morris, não só não se envergonha como também não desiste. E os fracos e suicidas que entram na onda, de certa forma, fazem jus, merecem.

Mas, mesmo merecendo, as duas empresas tiveram todo o tempo do mundo para repensar seus negócios. Optaram por continuar no *business* do homicídio: lento, gradual, perverso, recorrente.

A venda de cigarros com sabor é só uma das faces das inúmeras tentativas que as cigarreiras fazem para retomar o caminho do crime na fonte, no nascedouro, criando estímulos para voltar a merecer a atenção e adesão dos jovens.

Assim, em termos absolutos, não obstante tudo o que hoje se sabe e que é público e do conhecimento de todos, o número absoluto de fumantes é maior do que era em 1990.

Hoje são 1 bilhão de fumantes no mundo, para 870 milhões em 1990. Em termos relativos, uma pequena queda. E no ranking da morte consentida... o Brasil ocupa a oitava posição, em se considerando o número de fumantes: 7,1 milhões de mulheres e 11,1 milhões de homens.

Se o número absoluto é ainda devastador, todas as campanhas e iniciativas para reduzir a dependência do cigarro vêm dando resultado. Nesse mesmo período, em nosso país, o número de fumantes caiu em termos absolutos e, por decorrência, de forma significativa, em termos relativos. De 29% para 12% entre os homens e de 19% para 8% entre as mulheres. De 1990 até hoje, segundo pesquisa publicada na revista científica *The Lancet*.

Enquanto tudo isso acontece, gradativamente, os cigarros contrabandeados e produzidos no Paraguai hoje detêm 50% de todo o mercado brasileiro. E, claro, sem nenhuma das advertências dos cigarros produzidos pelas grandes indústrias.

Em matéria no final do ano passado, no jornal *Campo Grande News*, pertinho do Paraguai, a informação e constatação: "Proibido, o comércio de cigarros contrabandeados ocorre livremente em Campo Grande. Das banquinhas do 'jogo do bicho', outra contravenção, às residências mais humildes nos bairros da cidade, ou dos bares e mercados até os revendedores espalhados no Centro, é fácil e comum encontrar marcas de entrada ilegal no país, na capital...".

O *Campo Grande News* foi às ruas e constatou que pelo menos 20 marcas diferentes são comercializadas a preços baixos, que variam de R$ 1,60 a R$ 5,00 Quem compra em grandes quantidades consegue até deter uma espécie de monopólio do produto em sua região. Anúncios explícitos, como placas com preços, estão expostos nas ruas do Centro, como, por exemplo, na rua Rui Barbosa, a poucos metros de uma viatura da polícia. "Na barraquinha, o campeão de vendas, Fox, está em promoção: três maços por R$ 5,00".

E na internet, segundo o jornal, a dimensão do esquema fica ainda mais evidente. "Cigarros do Paraguai a preço de custo, direto do fornecedor! Possuo grande estoque já no Brasil, entrego para o Brasil inteiro, via correios ou frete."

Em outra página, o esquema de revenda é revelado como atrativo para novos "distribuidores" das marcas Eight e San. "Um Eight hoje no cliente final chega à média de R$ 5,00, passamos a R$ 3,50 a unidade e você repassa ao bar a R$ 4,00 e o mesmo vende a R$ 5. Todos ganham na quantidade, levando em consideração que o cigarro vende muito e se vende sozinho."

Ainda conforme a proposta, uma caixa é o pedido mínimo, nela vêm 50 pacotes com 500 maços de cigarros dentro. Comprando quantidades maiores, o esquema fica ainda mais rentável. "Em uma quantidade de dez caixas, sai a R$ 2,99 a unidade. A margem de lucro do distribuidor pode chegar a R$ 0,90 por unidade. Acima de dez caixas o distribuidor ganha um desconto e parceria com exclusividade em sua região."

A luta continua. Mesmo diminuindo, o vício resiste e sobrevive. E agora, além dos gigantes formais do setor, o contrabando prevalece e a rede de distribuição envolve milhares de pessoas e famílias em todo o Brasil. Lamentavelmente.

Maneiras Estúpidas de Morrer

Agora vamos falar sobre a mais estúpida das maneiras de morrer, e matar, dos dias que vivemos:

Smartphones, a mais letal das armas.

Deveria existir uma campanha permanente em todas as plataformas de comunicação do mundo, alertando a todos sobre os riscos envolvidos no uso irresponsável e criminoso do novo melhor amigo e inimigo do ser humano, o celular. Como acontece de rotina com as crianças no Canadá, alertadas permanentemente de como pequenas e supostamente irrelevantes coisas podem até mesmo causar a morte.

As tais das Dumbest Way To Die! E não existe hoje, repito, nenhuma maneira mais estúpida de morrer – e matar também – que o celular.

Há 20 anos, morria-se de todas as outras coisas e maluquices, desatenções e irresponsabilidades, mesmo porque o celular não existia. Hoje já ocupa a terceira colocação entre as causas de acidentes de trânsito – só perdendo por embriaguez e excesso de velocidade.

O último número divulgado, no fim de 2017, registra 150 mortes por dia em decorrência do uso do celular dirigindo, o que totaliza 54 mil mortes por ano. Não existe registro sobre mortes por uso do celular pelas pessoas durante suas caminhadas e no correr de um dia. Se existisse, o número certamente seria bem maior. Pessoas que saem pelas ruas, distraem-se falando no celular e caem em buraco, atravessam a rua, são assaltadas, e... morrem.

Segundo algumas estimativas a que tive acesso, esse número de mortes pela utilização do celular caminhando é o dobro das mortes no trânsito. Ou seja, sintetizando, a utilização burra, estúpida, natural, criminosa e inconsequente do celular mata 150 mil pessoas por ano em nosso país – 150 mil pessoas que continuariam vivas não fosse essa maravilha que é o celular.

E é! O problema, como sempre, são as pessoas. Considerando essa estatística brutal, os principais fabricantes dos aparelhos decidiram oferecer uma contribuição. Assim, Apple e Google, e seus sistemas operacionais iOS e Android, assumindo suas responsabilidades, prometem para as próximas semanas, meses e anos novidades na tentativa de alertar as pessoas sobre o uso excessivo de seus aparelhos.

Na conferência para desenvolvedores que realizou em maio de 2019, o Google apresentou sua mais nova versão do Android com uma série de recursos para desestimular a utilização excessiva dos smartphones que carregam seu sistema operacional. Na primeira semana de junho, a Apple anunciou providências semelhantes.

Assim, a partir das novas versões dos aplicativos, as pessoas saberão o tempo que gastam em seus celulares; estímulos para a definição de metas e limites; e ainda novas formas de bloquear notificações que fazem com que as pessoas irrefletidas, na base do ato reflexo, acionem seus aparelhos.

Ouvidos a respeito, especialistas consideram positivas essas providências, mas de resultados insignificantes ou pífios. Considerando-se que hoje celular mata mais que cigarro, por exemplo, de forma instantânea e brutal, e o cigarro mata aos poucos, nada mais justo do que exigir dos principais fabricantes e membros da cadeia dos celulares que reservem alguns dólares de cada venda para uma campanha permanente de conscientização dos usuários, tão ou mais radical do que as campanhas antitabagistas.

Lembrando a todos, permanentemente, que, não obstante as vantagens, prazeres, facilidades e conforto trazido, o celular mata.

E que é hoje, de longe, a MAIS ESTÚPIDA MANEIRA DE MATAR. E MORRER.

O Waldorf Astoria é do Governo Chinês...

Night and day, Let´s do it, I love Paris, You're the top, Anything Goes, e outras três ou quatro dezenas de clássicos e *standards* do cancioneiro americano notabilizaram Cole Porter como o melhor compositor de música popular do século passado.

Seguido, na segunda colocação, pelos irmãos Ira e George Gerswin, e num terceiro e fantástico lugar Antonio Carlos Brasileiro Jobim. Durante anos, Cole Porter morou na Park Avenue, 10022, New York City. Nas Towers, do Waldorf Astoria Hotel! Neste momento, fechado, passando pela mais radical reforma de toda a sua história. Uma reforma de US$ 1 bilhão.

Até outro dia, os que visitavam as torres de um dos mais emblemáticos hotéis do mundo podiam conhecer a suíte que tem em sua placa o nome do compositor Cole Porter.

Morou durante 25 anos no hotel. Hotel onde um dia, trabalhando como aprendiz na cozinha, pós-adolescente, David Ogilvy preparava maçãs assadas com exclusividade para uma das hóspedes cativas e célebres do hotel, dando início a sua série de criações notáveis.

O seu truque, e razão do sucesso, uma espécie de "roubadinha", era assar duas maçãs e colocar o recheio das duas numa única.

Ninguém conseguia fazer uma maçã assada como ele. Mesma metodologia e entendimento que, anos depois, o consagraria como um dos maiores publicitários de todos os tempos.

Waldorf, onde se hospedavam Frank Sinatra, quando na cidade, e também Elizabeth Taylor. E todos os presidentes americanos, sem exceção, desde sua inauguração.

E todos os demais líderes globais, quando de passagem pela Big Apple.

Foi inaugurado no dia 1º de outubro de 1931, e durante anos foi o maior e mais alto hotel do mundo. Naquele dia, 1º de outubro de 1931, em seu salão principal e em torno do legendário relógio, os convidados presentes ouviram, pelo rádio, o presidente dos Estados Unidos Herbert Hoover dizer que a inauguração do Waldorf era o maior avanço em termos de hotéis de todos os tempos e uma revolução mesmo para cidades como Nova York.

Segundo o presidente Hoover, o Waldorf era "a medida exata da hospitalidade americana e a demonstração inequívoca da coragem e confiança de toda a nação".

Não vou passar o dia de hoje relatando tudo o que de mais relevante e institucional aconteceu naquele hotel, mas posso garantir a vocês que jamais existirá nos Estados Unidos, talvez no mundo, um outro hotel que tenha sido protagonista, palco, cenário de hospitalidade da maioria dos acontecimentos relevantes e da história de sua época.

Pois bem, anos atrás, 2014, uma das joias da memorabilia americana, o Waldorf Astoria foi comprado por uma seguradora chinesa pela bagatela de US$ 2 bilhões, a Anbang.

No dia 1º de março de 2017, deu início à reforma. No dia 23 de fevereiro de 2018, o governo chinês decidiu intervir na seguradora Anbang por uma série de falcatruas e corrupção.

Durante os poucos anos em que foi dona do hotel, a Anbang começou uma grande reforma, que implicou um investimento superior a US$ 1 bilhão... Conclusão: a partir de fevereiro de 2018, uma das joias da cidade de New York City e dos Estados Unidos pertence à China, isso mesmo, o Waldorf Astoria agora é do governo chinês. E ninguém tem a mais pálida ideia do que o governo chinês pretende fazer com o Waldorf Astoria.

Milionários e fundos americanos continuam movimentando-se para comprar de volta, para resgatar da mão dos chineses o lugar onde morou, entre outras celebridades, o genial Cole Porter e onde aconteceram capítulos marcantes da história recente do país.

Ou seja, amigos, definitivamente, a China continua invadindo o mundo. Todo o mundo! E não há a menor evidência de que vá parar tão cedo. Assim, bem fez o Tomaz, meu querido sobrinho, filho da Mariana, netinho da Heloisa e do Carlos. Enquanto todos os seus priminhos esmeram-se no aprendizado do inglês, ele, por iniciativa própria e manifestação inequívoca, optou pelo mandarim.

"Não, inglês não, quero aprender mandarim", disse ele.

E é o que está fazendo.

Youtubização das Crianças

Há anos temos assistido, indiferentes, à youtubização das crianças em boa parte dos países do mundo.

No Brasil, então, o YouTube e seus 500 mil *youtubers* formam os tais "baixinhos", nossas crianças – filhos e netos e, agora, bisnetos. E pensar que anos atrás nos importávamos com a sensualização que Xuxa passava para os pequenininhos nas manhãs do Brasil.

Objetivamente, os adultos largaram. Entregaram a Deus... E ao diabo. E agora alguns pais e famílias começam a reclamar pela publicidade dirigida aos seus "indefesos" e abandonados baixinhos... Não deveria ser assim, mas esse é o problema menor.

O problema maior é entulhar de informações irrelevantes, tóxicas, de forma absurdamente criminosa, a cabeça de crianças. Tudo o que deveriam fazer é estar brincando, divertindo-se, aprendendo, lendo, crescendo, convertendo matéria-prima de excepcional qualidade em adultos sérios, éticos, empáticos, respeitosos, cordiais, fraternos.

Recentemente, o *The Wall Street Journal* divulgou uma pesquisa feita com famílias nos Estados Unidos. Imagino que no Brasil a situação não seja tão diferente. Se for, é para pior e mais grave, pelo que vejo em minha família, com meus amigos, com todas as pessoas, nos momentos em que se fala sobre o assunto.

Na pesquisa americana, realizada com cinco mil adultos, dos pais de filhos com 11 ou menos anos, 34% autorizam o acesso total de seus filhos ao YouTube, 47% ocasionalmente e 19% nunca. Ou seja, arredondando, 80% permitem. E daí?

Daí que, dos que foram atrás, eventualmente, dar uma conferida, 61% disseram ter encontrado conteúdo mais que impróprio e, mesmo assim, deram de ombro, deixaram pra lá...

Isso posto, já que por preguiça, falta de tempo, impossibilidade factual, doses de irresponsabilidade, pais, avós e bisavós largam seus baixinhos aos humores e responsabilidade do YouTube, acredito estar mais que na hora, e é absolutamente indesculpável não produzirem, o Google e sua holding Alphabet Inc adotarem um Código de Autorregulamentação Radical.

Muito especialmente na empresa que compraram no ano de 2006, por míseros US$ 1,65 bilhão, e que hoje vale cem vezes mais, muito especialmente alimentada pela inocência, ingenuidade e sangue de milhões de crianças de todo o mundo.

Não tem o menor sentido permanecer absolutamente indiferente diante da perversão cruel e irreversível que vem protagonizando desde o início desta década e de forma crescente e galopante.

Chega o que as cigarreiras fizeram com milhões de pessoas em todo o mundo promovendo o que um prosaico e inofensivo cigarro era capaz de possibilitar a todas: charme, fama, fortuna, beleza, conquistas, sucessos e... morte da forma mais dolorosa e cruel possível.

Mas, enquanto o Google não faz o que já deveria ter feito, que cada um de nós cuide de proteger os seus, os nossos queridos baixinhos...

GRÁFICA PAYM
Tel. [11] 4392-3344
paym@graficapaym.com.br